オール図解 この一冊ですべてがわかる

世界の三大宗教

キリスト教・イスラム教・仏教——常識として身につけたい基礎知識

国学院大学教授
井上順孝・監修

日本文芸社

◆カバーデザイン／若林繁裕
◆本文デザイン／鶴田環恵
◆本文・図版／ハッシィ
◆協力／新井イッセー事務所
◆制作／ＮＥＯ企画
◆プロデュース／長尾義弘

はじめに

ここ四半世紀ほどの各種世論調査では、宗教を信じていると答える日本人の割合は二〜三割ほどである。したがって日本人は宗教にあまり関心もないように受け取る人もいるが、実際はそうではない。初詣《はつもうで》、節分、クリスマスなどの年中行事、初宮詣、七五三、厄祓《やくばら》い、葬式といった人生儀礼、その他さまざまな折に神社、寺院、キリスト教会、その他の宗教施設を訪れる。

他の宗教についての知識が乏しいとも言われるが、中等教育では世界史、日本史、地理、公民、倫理社会などといった科目で、宗教に関するさまざまな事柄を教わっている。テレビでも宗教を習俗として、あるいは珍しい儀礼として紹介する番組が数多くある。にもかかわらず、現代日本人は宗教に無関心とか知識が乏しいという言い方がされたりするのはなぜであろうか。

学校で教わったはずの各宗教についての知識が体系だっていなかったり、現代世界と宗教の関わりについて、適切な情報を得ていないからであろう。

本書では世界の三大宗教と言われている仏教、キリスト教、イスラム教について、まずその成り立ち、展開をわかりやすく説明してある。宗教の理解には歴史的な展開の概要をおおまかにでも頭に入れておくことが必要だからである。さらに宗教紛争を含めて、これらの宗教が現代世界において、どのような場面で人々の注意を集めるようになっているかを説明する。

世界宗教はこれまでも、相互に接触しあい、衝突も数多くあった。しかし、現代世界ではその接触の形態は複雑にいり込むので、宗教対立がすぐさま別の次元の対立をもたらしたり、逆に他の問題が宗教問題として展開してしまうという厄介さがある。グローバル化した現代では、このことに日本人も無関係でおれない。「9・11」では日本人も犠牲となった。ヨーロッパでキリスト教徒とイスラム教徒の間で緊張が高まれば、日本人もその緊張関係のなかにおかれることになる。また、国際的には日本人の多くは仏教徒であるということになっているが、自分たちの宗教文化についてどれだけ適切に語れるか。それもグローバル化した現代ではある程度求められることとなる。

それゆえ、本書を通じて現代社会で必要な宗教知識を少しでも深めていただければと願っている。

二〇〇六年六月

井上《いのうえ》 順孝《のぶたか》

この一冊ですべてがわかる

世界の三大宗教

【目次】

はじめに——3

第1章◎世界三大宗教の歴史

◎宗教とは何か？——6
◎世界三大宗教——8
◎宗教の分類——10
◎世界の宗教年譜——12
◎歴史的宗教戦争——16
◎神権政治——18
◎世界の宗教紛争——22
◎ボスニア紛争に見る宗教問題——24
◎パレスチナ問題考察——26
コラム①ヒンズー教——輪廻からの解脱——30

第2章◎世界三大宗教の違い

◎仏教の開祖ブッダ——32
◎イエス・キリスト——34
◎最後の預言者ムハンマド——36
◎仏教の教え——38
◎キリスト教の教え——40
◎イスラム教の教え——42
◎仏教の広がり——46
◎キリスト教の広がり——50
◎イスラム教の広がり——52
◎死後の世界——仏教——54
◎死後の世界——キリスト教——56
◎死後の世界——イスラム教——58
コラム②七転び八起き——60

第3章◎仏教を知る

◎『仏様』の概念——62
◎上座仏教・大乗仏教——64
◎玄奘三蔵の功績——66
◎日本への仏教伝来——68
◎大化の改新～奈良仏教——70
◎平安仏教——最澄と空海——72
◎鎌倉時代に生まれた仏教——74
◎念仏と題目——76
コラム③世界のさまざまな仏教——78

第4章◎キリスト教を知る

◎旧約聖書と新約聖書——80
◎教会の東西分裂——82
◎十字軍遠征——84
◎宗教裁判と魔女狩り——86
◎宗教改革——88
◎カトリックとプロテスタント——90
◎黒人霊歌とキリスト教——92
◎アメリカ合衆国の礎——94
コラム④ユダヤ教徒の選民思想——96

第5章◎イスラム教を知る

◎コーランについて——98
◎聖地エルサレム——100
◎メッカ巡礼——102
◎イスラム——神への服従——104
◎イスラム原理主義——106
◎シーア派とスンニ派——108
◎イラン・イラク戦争——110

第1章

世界三大宗教の歴史

宗教とは何か？
人類が生み出した制度と文化の両側面
◎自らの存在に対する不安と探究の結果としての〝信仰〟

宗教とは何かを考えるとき、二つの答えがある。ひとつは社会的な組織や文化としての宗教、そしてもうひとつは信仰の対象としての宗教だ。人はそんな宗教を旧石器時代に手に入れた。

人間の根本的疑問への答え

どんな人間にも、生きていくうえで共通の不安がある。「自分はなんのために生まれてきたのか」「なぜこの世の中は存在しているのか」「人間は死んだらどうなるのか」といった問題は、明確な答えがないとわかっていながら誰もが抱く人間の根本的な疑問である。その疑問と向き合った時、人間はなんとかして不安を取り除こうとする。その結果生まれたのが宗教である。

たとえばほとんどの宗教では、「死んだ後で人は天国や黄泉《よみ》の国に行く」「最後の審判を下される」というように、死後について説かれる。これは、人間の根本的な疑問に対してひとつの答えを準備しているということだ。

宗教の捉《とら》え方には二つの側面がある。まず、社会的な組織や制度、または文化のひとつとしての捉え方だ。教会や寺院、寺社、また宗教団体などが社会のなかで果たす役割や、そこから生まれる文化は、宗教の社会的な存在意義である。

もうひとつは、信仰という心のあり方としての捉え方だ。神や仏、精霊といった、人間以外の超越的存在に対して、その存在を信じて交流しようとしたり、平穏な心のあり方を宗教に求めたりする。いわゆる信仰の対象としての宗教の存在意義もまた、重要である。

社会的な組織や制度としての宗教を考えれば、そこには確固たる信仰心がなくても十分に機能する。キリスト教を信仰していない人が教会で結婚式を挙げたり、ふだん信仰心がなくても仏式の葬儀を行なう人がいるのは、宗教を形式や文化として捉えていることの表れである。

超自然のものへの畏れと崇拝

その一方で、信仰心とは計れるものではない。信仰が深い人もいれば浅い人もいる。信仰の深さと教会に行く回数は必ずしも結びつかない。また、特定の宗教を信じていなくても、大自然や宇宙の神秘に悠久の無限を感じて、思わずひれ伏してしまいたくなるような感情は、超自然的なものへの信仰ともいえる。

三大宗教用語の基礎知識

【最後の審判】
この世の最後に救世主が出現して、永遠の命を与えられる者と地獄へ堕《お》ちる者とに分ける、という思想。ユダヤ教、キリスト教、イスラム教において、重要な考え方になっている。

【旧石器時代】
約三百～四百万年前から約一万年前にかけての時代。人類としての歴史ではもっとも古い。

信仰とは人間の内面的な営みであるだけに、それを明確に定義することはむずかしい。

人間はそのような宗教を、遅くとも旧石器時代ごろにはすでに持っていたと推測されている。とはいえ、人類文化の曙《あけぼの》のころはまだ宇宙の営みや死など超自然的なものに対する畏《おそ》れや崇拝の感情、いわゆるアニミズムや、部族の祖先と考えられている動植物への崇拝の感情が原始的な信仰だった。

やがてそれが「神」などの観念を形成し、大自然の数多くのものを崇《あが》める多神教が生まれた。そして、多神教から唯一の絶対神を崇める一神教などへと展開したと考えられる。

もちろんこのような展開の過程は複雑なものであり、一律に論じることはできない。しかし大自然に対する人間の畏《おそ》れや崇拝の感情が原型となり、それが具体的な崇拝の対象を生み出し、長い時代を経て「神」や「仏」という観念を存在させてきたことだけは確かである。

宗教の存在意義

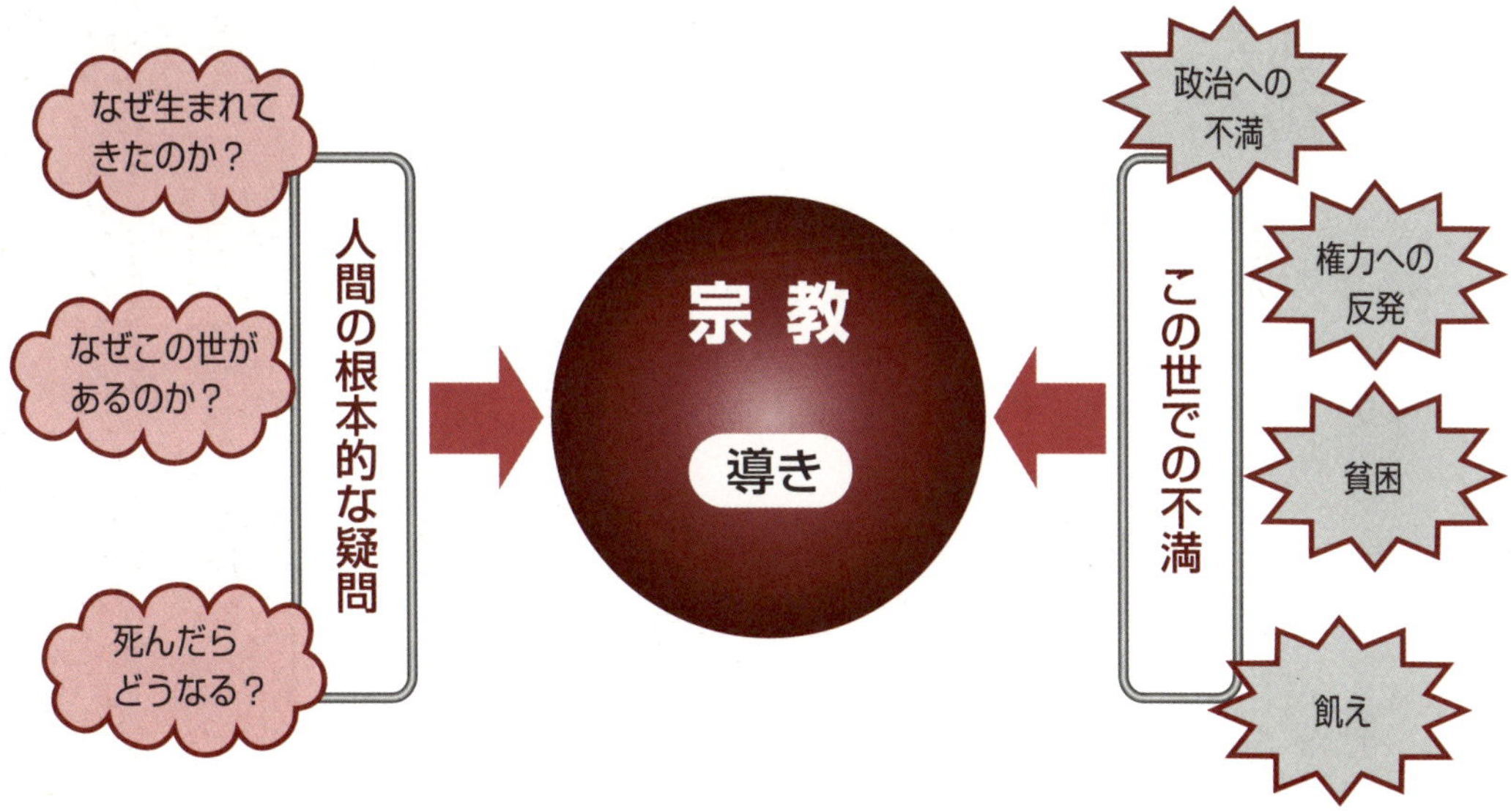

信仰の対象の変化

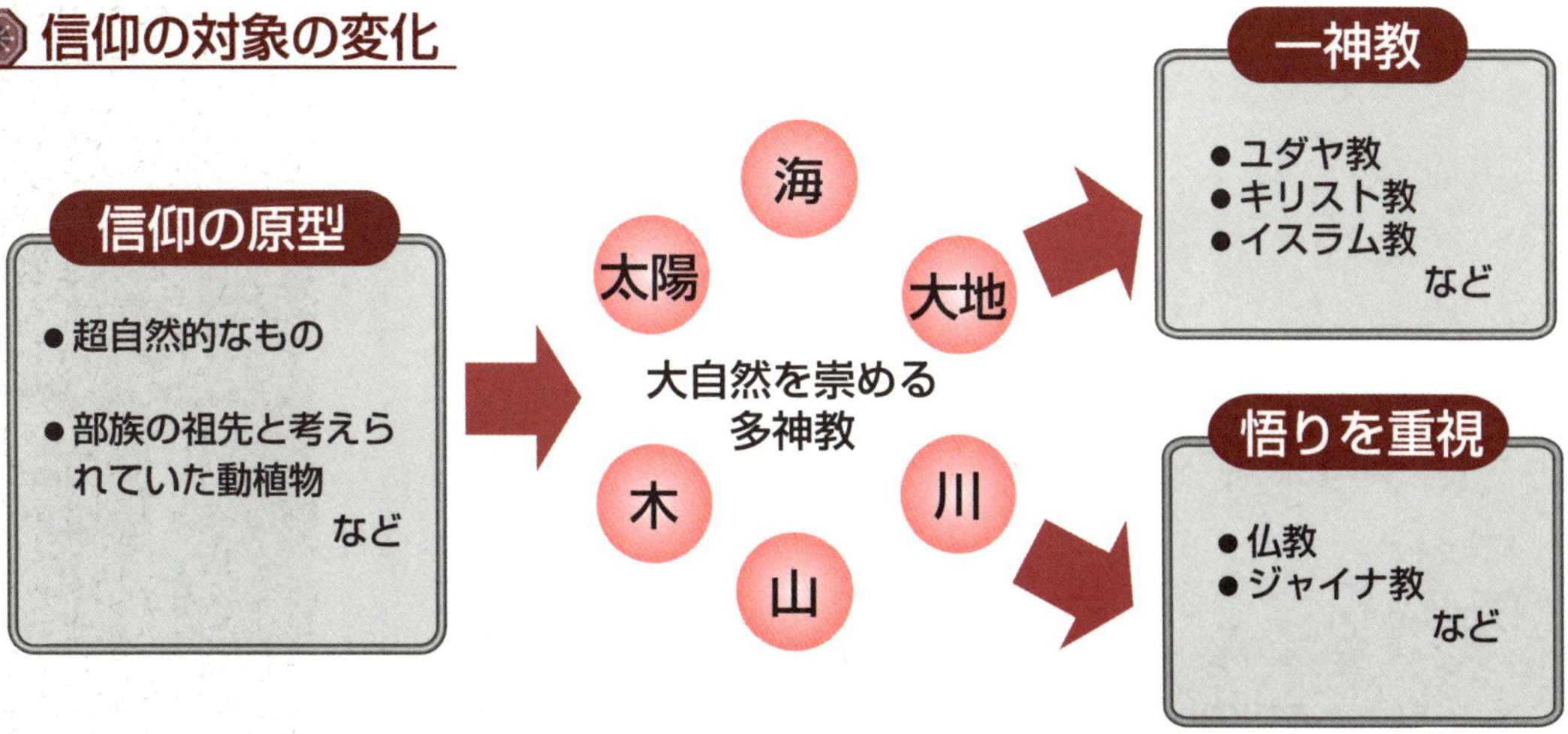

世界三大宗教
キリスト教、イスラム教、仏教
◎ヨーロッパ、中東、アジアを中心に広がる三つの宗教

宗教は星の数ほどあるといわれるが、その中でもとくに、民族や国境を越え多くの人々に受け入れられている三つの宗教を世界三大宗教と呼ぶ。それがキリスト教、イスラム教、仏教である。

世界宗教の定義

世界には何千、何万という膨大な数の宗教が存在するが、宗教人口の七割をわずか四つの宗教が占めている。

その四宗教のうちキリスト教、イスラム教、仏教を世界三大宗教と呼ぶ。

ただし、宗教人口のトップ３が世界宗教というわけではない。たとえば二〇〇三年のキリスト教人口は約二十億七千万人、イスラム教約十二億五千万人、ヒンズー教約八億四千万人、仏教約三億七千万人と、仏教よりヒンズー教のほうが二倍以上多いのである。

では、世界宗教の定義とはいったい何であろうか。

第一に、ひとつの民族に限らずさまざまな民族に受け入れられていること。

第二に教祖、開祖によって始められた宗教、つまり明確な創唱者がいる宗教であることだという。

ヒンズー教の場合、たとえ人口は多くともインドを中心とした民族宗教であることから、一般的には世界宗教には含められないのである。

三つの宗教の分布

では、世界三大宗教はどのあたりで信仰されているのだろうか。

宗教人口が一番多いキリスト教徒はヨーロッパ、ロシア、南北アメリカ、オーストラリアの一部、ニュージーランド、サハラ砂漠以南のアフリカと広範囲にわたっている。

中東を中心に、東はインドネシアやマレーシア、西はサハラ砂漠以北のアフリカに信徒を擁しているのがイスラム教だ。

仏教は日本、韓国、中国、チベット、タイ、スリランカなど東アジアや東南アジアに多く受け入れられている。

それぞれの開祖とは？

世界宗教の定義のひとつ、創唱者がいるということは、その宗教の中心的な考えがはっきりしており、また、いつ始まったのかも明確にされているということである。

キリスト教の場合、ユダヤ教徒

三大宗教用語の基礎知識

【ヒンズー教】
インド人の八割以上が信仰しているが国教ではない。世界で唯一、ヒンズー教を国教としているのがネパール。ほかにインドネシアのバリ島、スリランカに信者がいる。

【廃仏毀釈《きしゃく》】
仏教寺院、仏像、経巻など仏教に関するあらゆるものを破毀し、僧尼の特権を外すこと。日本でも江戸時代や明治時代に起こっている。排仏棄釈と表記されることもある。

だったイエスが新しく説いた教えがもとになっており、彼の没後、紀元一世紀半ばに成立したといわれている。七世紀に登場したのがイスラム教で、創唱者ムハンマドは天使ガブリエルの啓示を受け、唯一神の信仰を生む。この啓示を著したのが、聖典『コーラン』である。

三大宗教のうち、もっとも古いのが仏教だ。創唱者はゴータマ・シッダールタという、一般的にブッダ、釈迦《しゃか》、釈尊《しゃくそん》と呼ばれている人物で、紀元前六～五世紀（あるいは前五～四世紀）に悟りを啓《ひら》いたという。

これらの、それぞれ一人の人間が興した三つの宗教は、現代に至るまでの千年、二千年という長い歴史の中、きわめて重要な役割を果たすのである。

世界三大宗教

	仏教	キリスト教	イスラム教
神	なし	父なる神・子なるキリスト・聖霊	唯一神アッラー
開祖	ゴータマ・シッダールタ	イエス	ムハンマド
特徴	すべての人を救うという教えを掲げる	イエスを神の子として、その復活と絶対愛を信仰する	アッラーへの絶対帰依のもとにイスラム法を遵守する
展開	大乗、上座など	カトリック、プロテスタント、正教会など	スンニ派、シーア派など

[あゆみ]

前500	後30	200	313	496	538	632	700～900	1096	1500年代
仏陀入滅	イエス・キリスト没	法華経成立	ミラノ勅令によりキリスト教公認	フランク王クローヴィス、キリスト教に改宗	日本へ仏教伝来	ムハンマド没	イスラム教拡大	第一回十字軍	宗教改革

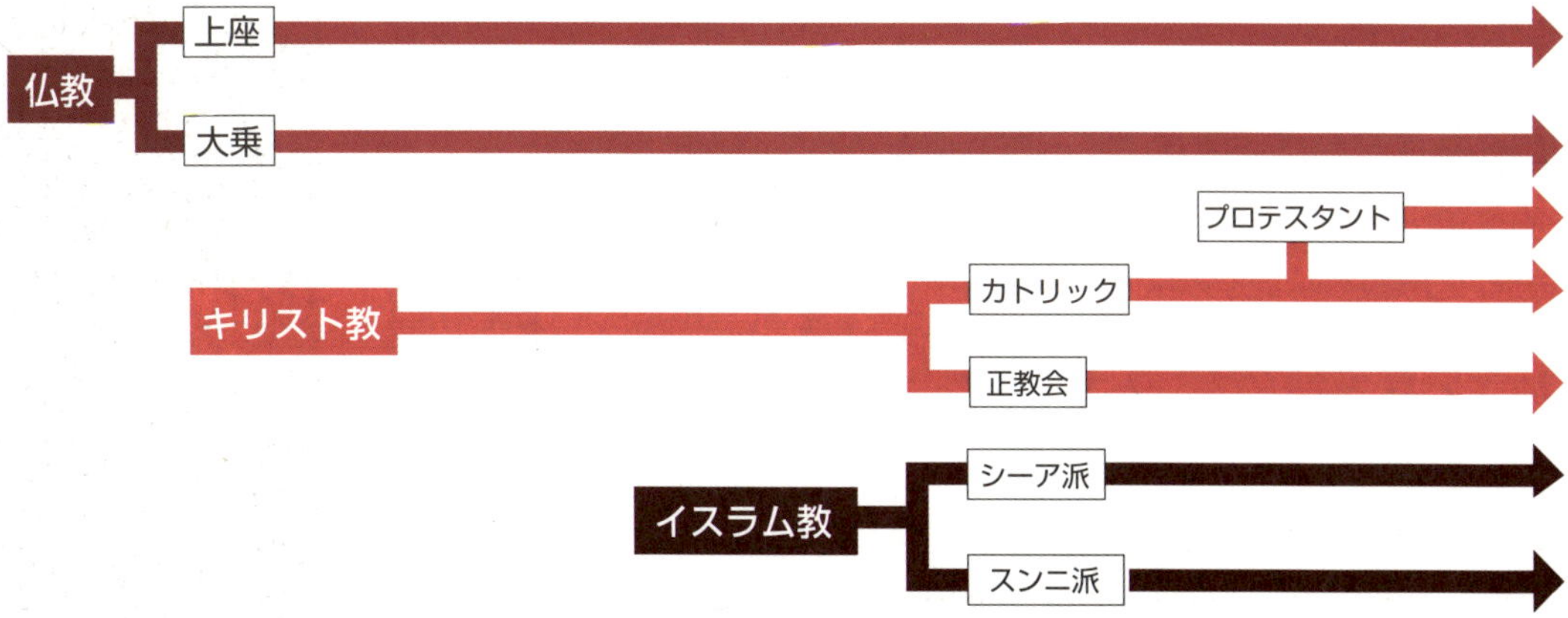

宗教の分類
三大宗教以外の世界の宗教

◎世界宗教以外の宗教形態と分類

民族が成立する過程で生まれたのが民族宗教。そして、ある特定の地域にあった宗教に影響を受けながら特定の人物が起こしたのが創唱宗教。世界にはいろいろな成り立ちの宗教がある。

民族成立の中から誕生

数多くの人々が信仰している世界三大宗教以外にも、世界中には多くの宗教がある。それらをいくつかに分類してみよう。

まず民族宗教と分類されるものがある。

創唱者が誰なのか、あるいはどんな起源かは明確ではないが、ある民族が成り立っていく過程のなかで広がり成立してきた信仰である。その民族が伝えてきた神話や伝承、社会的儀礼がその重要な要素であり、さらに祖先崇拝、シャーマニズムなども見られることも多い。また、自分たちの民族が神の末裔《まつえい》であるとする信仰も多い。日本の神道《しんとう》もこれに当たる。

なかには、ヒンズー教のような例外もある。ヒンズー教は本来インド中心の民族宗教として生まれたが、南アジアや東南アジアにかけての広い地域に広がった。さらに世界宗教であるイスラム教や仏教と結びついて、いくつかの新たな宗教の母体となった。

また、チベットの民族宗教だったボン教が仏教と結びついたチベット仏教も、同じような広がりを持つ宗教だ。

一方、ヨーロッパのゲルマン民族社会にあった民族宗教は、キリスト教の興隆とともに吸収、衰微していった。このように他民族や他宗教の影響を受けて、新たな宗教となるのではなく、衰退していく民族宗教もあるのだ。

特定の創唱者がいる宗教

自然発生的に生まれた民族宗教と異なり、創唱者が明確な宗教、創唱宗教がある。

創唱者が明確であるということは、宗教が生まれた時期や中心的な思想がはっきりしているということだ。世界三大宗教である仏教・キリスト教・イスラム教は創唱宗教である。

こういった世界的な宗教だけでなく、マハーヴィーラによって創始されたジャイナ教、ナーナクによって創始されたシク教、さらに日本でいえば中山みきが創始した天理《てんり》教や金光大神《こんこうだいじん》が創始した金光教も、創唱宗教に分類される。

創唱宗教は、その地域に本来存

三大宗教用語の基礎知識

【祖先崇拝】
先祖の霊を祀《まつ》り、その加護を得るという信仰。未開社会から文明社会まで、いろいろな社会で見られる。

【シャーマニズム】
シャーマン（巫女《みこ》）の能力によって成立している宗教。北および中央アジアに多い。

【ゾロアスター教】
古代イラン（ペルシャ）で起こった宗教。終末論や最後の審判という観念はキリスト教にも影響した。

在した宗教から多くの影響を受けることが多い。たとえば、日本の創唱宗教の多くは、仏教か神道の影響を受けている。キリスト教はユダヤ教の影響を大きく受けており、イスラム教はキリスト教やユダヤ教、さらにはアラブの民族宗教の影響が色濃い。その成り立ちを考えると、その地域に伝統的に存在する宗教の影響を受けて、特定の創唱者が起こしたのが創唱宗教だともいえる。

ほかに、古代宗教という分類の仕方をすることもある。たとえば、キリスト教などの影響を受ける以前に成立したローマのミトラス教やペルシアのゾロアスター教などである。

また、アフリカ、オセアニア、南米などには、小さな部族などの間で昔から伝えられている土着の宗教が残っていることも多い。その信仰は今も小さな部族社会の中の風習や生活習慣として生きている。

世界の宗教分布

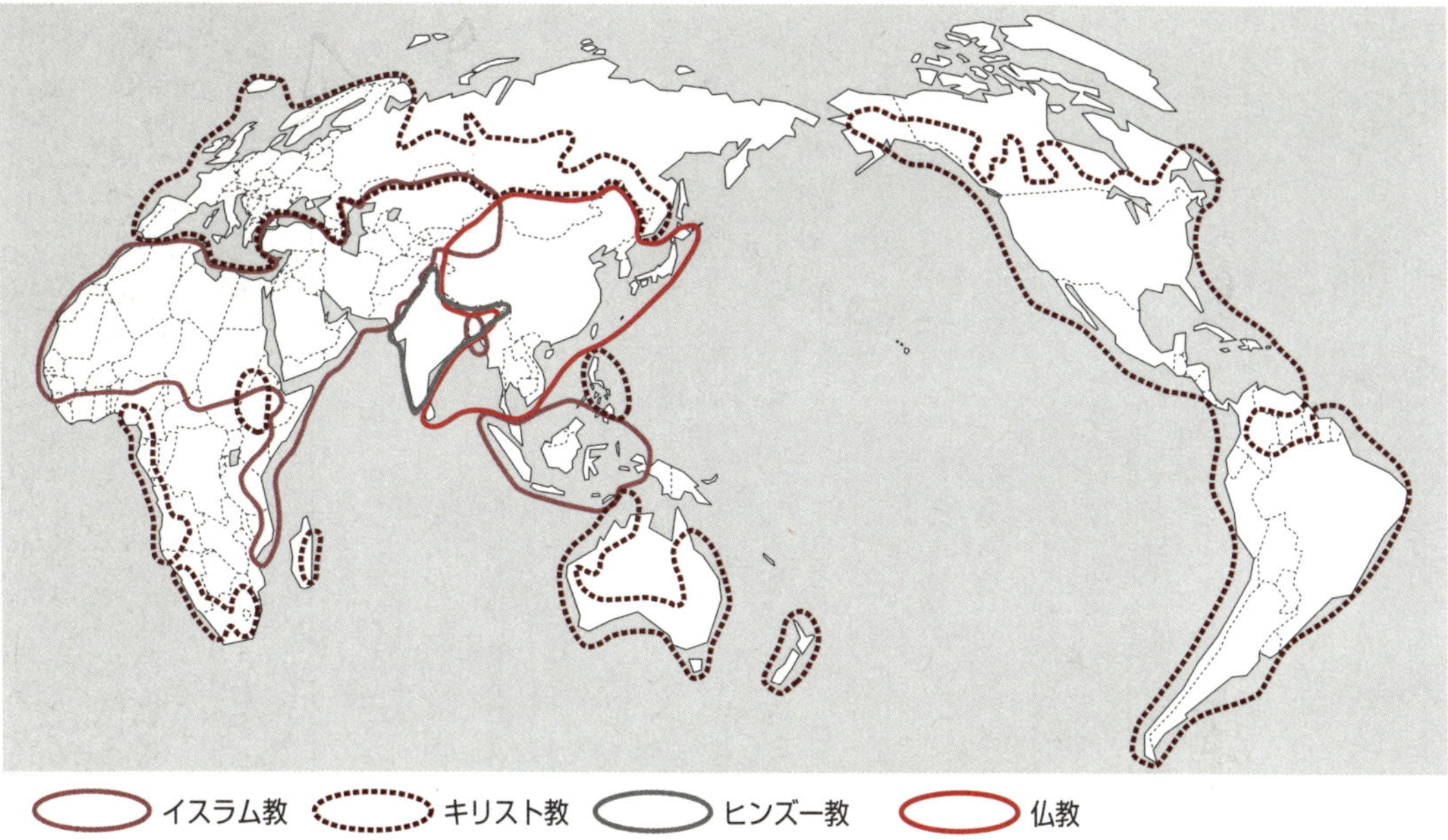

多神教あるいは多数の仏

ヒンズー教	ヴィシヌ神、シヴァ神など	インド民族
仏　教	釈迦仏、弥勒菩薩、阿弥陀仏、観音菩薩	
神　道	八百万の神	日本民族

一神教

キリスト教	三位一体	
ユダヤ教	ヤハウェ	ユダヤ民族
イスラム教	アッラー	

世界の宗教年譜
歴史に刻まれた宗教の営み

◎時代とともに様変わりしていく宗教の流れ

ひとりの教祖から始まった宗教が、時代を経て世界的な広がりを見せる。その結果、キリスト教、イスラム教、仏教という三大宗教が生まれた。そこには宗教ごとにそれぞれの特徴がある。

キリスト教の三つの大きな流れ

三大宗教は、それぞれに異なる開祖が存在し、それぞれに異なる展開をして、現在に至っている。しかし、お互いに影響し合い、地域や時代によって二つ以上が融合したり、相手を衰退させることもある。また既存の宗教と結びついて新たな宗教として生まれ変わる場合も多く、三大宗教を基本にして、複雑多岐に広がっている。ここでは基本となる三大宗教がそれぞれに持つ独自の歴史を概観する。

まず、キリスト教である。キリスト教の開祖であるイエス・キリストが生まれたのは紀元前四年ごろだといわれる。イエスはユダヤ人であったが、彼らは神による天地創造を信じる。『旧約聖書』ではメソポタミアを出てカナンの地（イスラエル）に導かれて、信仰の父となったアブラハムからが人類にとっての正式な歴史として語られている。その後、イスラエルの民が救世主の誕生を待望する中、イエス・キリストがキリスト教を創始。紀元六〇～九〇年ごろに四福音書が完成し、三八〇年にはローマ帝国の国教と定められて、大きな勢力に発展していく。

なお、エジプトから脱出したイスラエルの民が「ヤハウェを信仰するユダヤ人だけが救われる」という契約を結んで生まれたのがユダヤ教だ。つまりキリスト教はユダヤ教より派生したものであるともいえる。

十一世紀には、セルジュークトルコに圧迫された東ローマ皇帝が聖地奪還を求めたために東方遠征が決定され、十字軍の派遣が始まる。一〇九六年に起こった十字軍によるエルサレム占領は、キリスト教にとってもイスラム教にとっても大きな出来事である。

その少し前、一〇五四年にカトリックと東方正教会とに分裂するが、カトリックはキリスト教最大の教派であり、その頂点に存在するのがローマ教皇だ。一方の東方正教会は、国ごとにギリシャ正教、ロシア正教などが起こって版図を広げた。

一方、十六世紀になって生まれたプロテスタントの流れは、カトリックの流れを改革しようとして生まれたものである。カトリックとプロテスタント、東方正教会は、

三大宗教用語の基礎知識

【天地創造】
神話における万物の創造をさすが、とくに『旧約聖書』に書かれた天地創造をさすことが多い。よく知られるように『旧約聖書』では神は六日間で天地創造を行なったとされる。

【ムハンマド】
イスラム教の創始者であり、かつては「マホメット」と表記されたこともあった。もともとは商人だったが、メッカ郊外の山中で大天使に出会って悟りを啓《ひら》いた。

それぞれ現在もキリスト教のもっとも大きな流れとなって世界各地で展開している。

　ちなみに、日本にキリスト教が伝来したのは一五四九年のことである。信者はキリシタンと呼ばれ、江戸時代になって禁教とされた。明治以降はふたたび布教が開始された。

対立するイスラム教の二派

　イスラム教の教祖であるムハンマドが生まれたのは西暦五七〇年ごろのことだと考えられている。メッカ郊外で神の啓示を受けて「神の使徒」としての自覚を持ち、メッカでの布教を開始する。

　その後、六二〇年ごろに社会的に混乱していたメディナという町の人々がムハマンドの教えに従うことで平穏を取り戻すなどして、信者を増やしていく。こうした動きの中で、六二二年にムハンマドがメディナに移住し（これを「ヒジュラ＝聖遷」という）、この年がイスラム暦元年とされる。

宗教のあゆみ

	アジア・日本	オリエント・アフリカ	ヨーロッパ	南北アメリカ
B.C	1200年ごろ　聖典「リグ・ヴェーダ」成立			
	600年ごろ　ヴァルダマーナー（マハーヴィーラ）が創始したジャイナ教成立	587年　エルサレム陥落、ユダヤ人のバビロン捕囚		
	500年ごろ　シャカ族の王子ゴータマ・シッダールタ（ブッダ）が仏教を創始			
	480年　釈尊（ブッダ）入滅（諸説あり）			
			347年　プラトン没	
	3世紀後半　アショーカ王スリランカに上座部の布教拠点をつくる		322年　アリストテレス没	
		4年ごろ　イエス誕生		
A.D		27年　イエス、イスラエルのガリラヤで布教開始		
		64年　ネロ帝によりキリスト教が迫害される。ペテロ、パウロ殉教		
		70〜100年ごろ『マルコ福音書』『マタイ福音書』『ルカ福音書』		
	184年　太平道による黄巾の乱起こる	100年ごろ『ヨハネ福音書』		
	180〜240年ごろサータヴァーハナ朝に大乗仏教の理論が確立		313年　ミラノ勅令でコンスタンティヌス帝がキリスト教を公認	
			325年　第1回キリスト教公会議（ニケーア公会議）	
	4〜5世紀ごろヒンズー教成立 538年　百済が日本に仏教を伝える		380年　テオドシウス帝がキリスト教をローマ帝国の国教とする	
	694年　中国にマニ教伝わる	570年　ムハンマド誕生		
		610年　イスラム教布教開始		

そのムハンマドは六三二年に没し、その後、正統カリフ（ムハンマドの代理人）の時代が始まって、イスラム帝国が築かれる。その後信者を増やして勢力を拡大したイスラム帝国はササン朝ペルシャを滅ぼし、東ローマ帝国からシリア、エジプトにかけてを支配した。また六五〇年ごろコーランが成立したと考えられている。

しかしその後、四代目のカリフだったアリーが暗殺されると、アリーの子孫のみを正統なカリフとするシーア派と、それに対抗する多数派のスンニ派に分裂。両者はどちらが実権を握るかで激しく対立した。確執は現在も続いている。

いくつか成立したイスラム教国の中で、一二九九年に成立したオスマン帝国はとくに強大な力を持ち、周辺諸国にも影響を及ぼした。しかし、十九世紀になるとその中からルーマニアやセルビアなどが独立し、その力は弱体化していく。

現在もイスラム教徒は世界中に数多いが、政治との結びつきにおいて問題も多く、現在世界中からもっとも注目されている宗教のひとつである。

日本に伝わったのは大乗仏教

仏教を開いたブッダは、紀元前六〇〇～五〇〇年ごろに現在のネパールで生まれた（前四六〇年ごろとする説もある）。出家した後、悟りを啓《ひら》き、仏教の祖となった。

ブッダの死後、教団は、長老中心の上座部と大衆的な大衆部に分裂する。そしてさらに上座部、大衆部あわせて十八～二十もの部派へと分かれ、それぞれの教義を作って論戦を繰り広げるようになる。このような部派を総称して部派仏教という。当時の上座部を中心にその後展開した仏教の流れを、現在は上座仏教と呼んでいる。

ところで仏教の流れとしてもうひとつ、インドから中国に渡り、東アジアや日本に広がっていった流れがある。この流れの中心となったものは大乗仏教である。部派仏教のほうがひたすら論争を繰り返していたのに対し、大乗仏教はブッダの真の教えは何なのかをあらためて問い直すことから生まれた。大乗仏教側から旧来の流れを小乗仏教と呼んだ時期もあった。

また、大乗仏教には、その後チベットでチベット仏教という新たな流れができていく。

ちなみに、日本に仏教が伝来したのは五三八年とされている。有力な豪族であった蘇我氏によって崇仏が推進され、聖徳太子の出現によって仏教は確実に社会に受け入れられてきた。

二〇〇三年の統計（世界の総人口は約六十三億人）で見ると、世界の宗教人口の中でもっとも多いのはキリスト教の約三三％（約二十億七千万人）である。世界の人々の三人にひとりはキリスト教徒ということになる。

次に多いのがイスラム教の約二〇％（約十二億五千万人）だ。キリスト教とイスラム教を合わせると、それだけで世界人口の約半数になる。つまり世界人口の二人にひとりはキリスト教徒かイスラム教徒ということになるのだ。仏教は約六％（約三億七千万人）である。数だけで比較すると、ヒンズー教約一三％のほうが多いのである。

三大宗教用語の 基礎知識

【上座仏教】
戒律が重んじられるのが最大の特徴である。スリランカに広まり、そこからさらに東南アジアに信者を増やしていった。

【チベット仏教】
チベットに流入した仏教が地理的、民族的な影響を受けて独自の発展をしたもの。大乗仏教の精神を基盤にしている。また「生き仏」であるダライ・ラマを崇拝することでも知られる。

宗教のあゆみ

	アジア・日本	オリエント・アフリカ	ヨーロッパ	南北アメリカ
A.D		632年　ムハンマド没 650年ごろ　『コーラン』成立		
	822年　天台宗の創始者最澄没 835年　真言宗の創始者空海没	740年　ザイド、ウマイヤ朝に反旗を翻すが失敗	1054年　東西教会大分裂。東方教会とローマ（西方）教会に分裂	
			1096年　第１回十字軍	
	1167年　王重陽、全真教をはじめる		1099年　第１回十字軍がエルサレムを陥れ、キリスト教徒のエルサレム王国成立	
	1212年　浄土宗の創始者法然没 1262年　浄土真宗の創始者親鸞没 1282年　日蓮宗の創始者日蓮没		1204年　第４回十字軍、ビザンチン帝国の都コンスタンティノープルを陥落	
		1299年　オスマン帝国建国		
	1405年　チベット・ツァン地方、ボン教の中心地になる	1453年　オスマン帝国、コンスタンティノープルを陥落。東ローマ帝国滅亡		1438年　インカ帝国建国
				1492年　コロンブス、アメリカ大陸発見
			1517年　ルター「95箇条の提題」。ドイツで宗教改革はじまる	
			1521年　ルター、カトリック教会から破門	
			1534年　イギリス国教会成立	
	1549年　イエズス会のフランシスコ・ザビエル、日本にキリスト教を伝える		1540年　イエズス会、教皇により公認	
	1582年　ムガール帝国に神聖宗教、ディーネ・イラーヒー創始する			
				1620年　分離派ピューリタンといわれるピルグリムファーザーがメイフラワー号でアメリカへ
	1643年　朝鮮にキリスト教伝わる			1639年　アメリカ最初のバプティスト派教会がロード・アイランドに設立
	1721年　ビルマにキリスト教伝わる			1776年　アメリカ独立宣言
		1837年　サヌーシー派教団、メッカに創設	1833年　ギリシャ正教会、コンスタンティノープル総主教から独立	
		1886年　セネガルでムリディーヤ創設	1859年　ダーウィン『種の起源』	1870年　エホバの証人運動はじまる
	1906年　全インドムスリム連盟創立	1917年　バルフォア宣言によってアラブ・ユダヤ両民族の対立がはじまる	1929年　ラテラン協定によりイタリアで教皇領が終焉。「バチカン市国」として独立する	1964年　バプティスト派のキング牧師、ノーベル平和賞受賞
				1968年　キング牧師暗殺される

歴史的宗教戦争

ヨーロッパを巻き込む戦乱の渦

◎宗教と政治が複雑に絡みあった闘争

十六世紀から十七世紀にかけて、ヨーロッパではカトリックに対抗してプロテスタントが生まれ、両者は激しく対立した。そのうちのいくつかは大規模な戦争にまで発展したのだ。

宗教対立以外の要因もからむ

宗教戦争といえば、宗教的な対立が理由になって起こった戦争という意味でも用いられるが、歴史学の分野では、あるいくつかの戦争を特定して指す。いくつかの戦争とは十六～十七世紀にヨーロッパで起こったもので、宗教改革をきっかけにカトリックとプロテスタントが対立し、それが発端となった戦いである。

まず最初の宗教戦争であるカッペル戦争（一五二九・一五三一年）はスイスで起こった。一五一八年にチューリッヒの大聖堂の説教師となったツヴィングリが始めた宗教改革の動きが従来のカリック教徒たちの反発を招き、カトリックとプロテスタントの対立が軍隊衝突へと発展した。しかしこの戦いはカトリックとプロテスタントの共存を決めることで終結した。

オランダ独立戦争（一五六八～一六四八年）は、ネーデルラントのプロテスタント勢力がカトリック国であるスペインの支配から独立しようとして起こした宗教戦争であり、約八十年も続いた。

カトリックのスペイン王フェリペ二世の異端審問によるプロテスタント弾圧がそのきっかけだったが、一五八一年にネーデルラントが独立宣言したあとも戦争は続き、しかもヨーロッパ全土を巻き込む三十年戦争へと発展していった。

オーストリアの領地にベーメン（ボヘミア）という土地があり、ハプスブルグ家が支配していた。そこに住む従来の貴族たちはプロテスタントだった。ところが一六一七年に同家出身でカトリック教徒のフェルディナンド二世が支配者となり、弾圧を始めたために、プロテスタントたちが反乱を起こした。この戦いがきっかけとなり、国内を巻き込む大規模な戦争となったのが三十年戦争（一六一七～一六四八年）だ。

きっかけには宗教の対立がからんでいたが、誰がこの地域を支配するかの権力争いが本質であった。途中からフランスなど諸外国の介入も招いて複雑化していった。

ナントの勅令で事態を収拾

ドイツで起こったシュマルカルデン戦争（一五四六～四七年）は、

三大宗教用語の基礎知識

【ハプスブルグ家】
オーストリアの名門。政略結婚を繰り返して権力を拡大。十三世紀以降は神聖ローマ帝国皇帝に選ばれた。

【ヴァシー】
ユグノー戦争ではヴァシーでの新教徒襲撃以外にも、オルレアンでの報復、サンスでの報復など数々の悲劇的事件が起こった。

【ナントの勅令】
プロテスタントにもカトリックにもほぼ同等の権利が与えられることになった。

皇帝カール五世とプロテスタント諸侯の戦いだ。カトリックだった皇帝に対抗するためにプロテスタント諸侯がドイツ中部のシュマルカルデンで防衛同盟を締結。皇帝と同盟軍の間で開戦した。この戦いではローマ教皇とスペインが支援した皇帝側が同盟軍を破った。

ユグノー戦争（一五六二～九八年）はフランスで起こった。新教徒（ユグノー）と旧教徒との抗争が勃発、おりしも絶対王政成立を目前にして貴族による国政主導権争いも激化しており、スペインが旧教側を、イギリスが新教側を支援して、戦いは複雑な様相となった。

ヴァシーでの新教徒襲撃など、大きな戦いを九回も繰り返したが、国内統一急務の声に押されて、最終的には信仰の自由を認める「ナントの勅令《ちょくれい》」が出されて収拾した。

このように、宗教戦争と称されても、実際には宗教的対立だけではなく、政権争いや勢力抗争が絡み合った複雑な様相になるのが、その大きな特徴だといえる。

16世紀中ごろのヨーロッパ宗教分布図

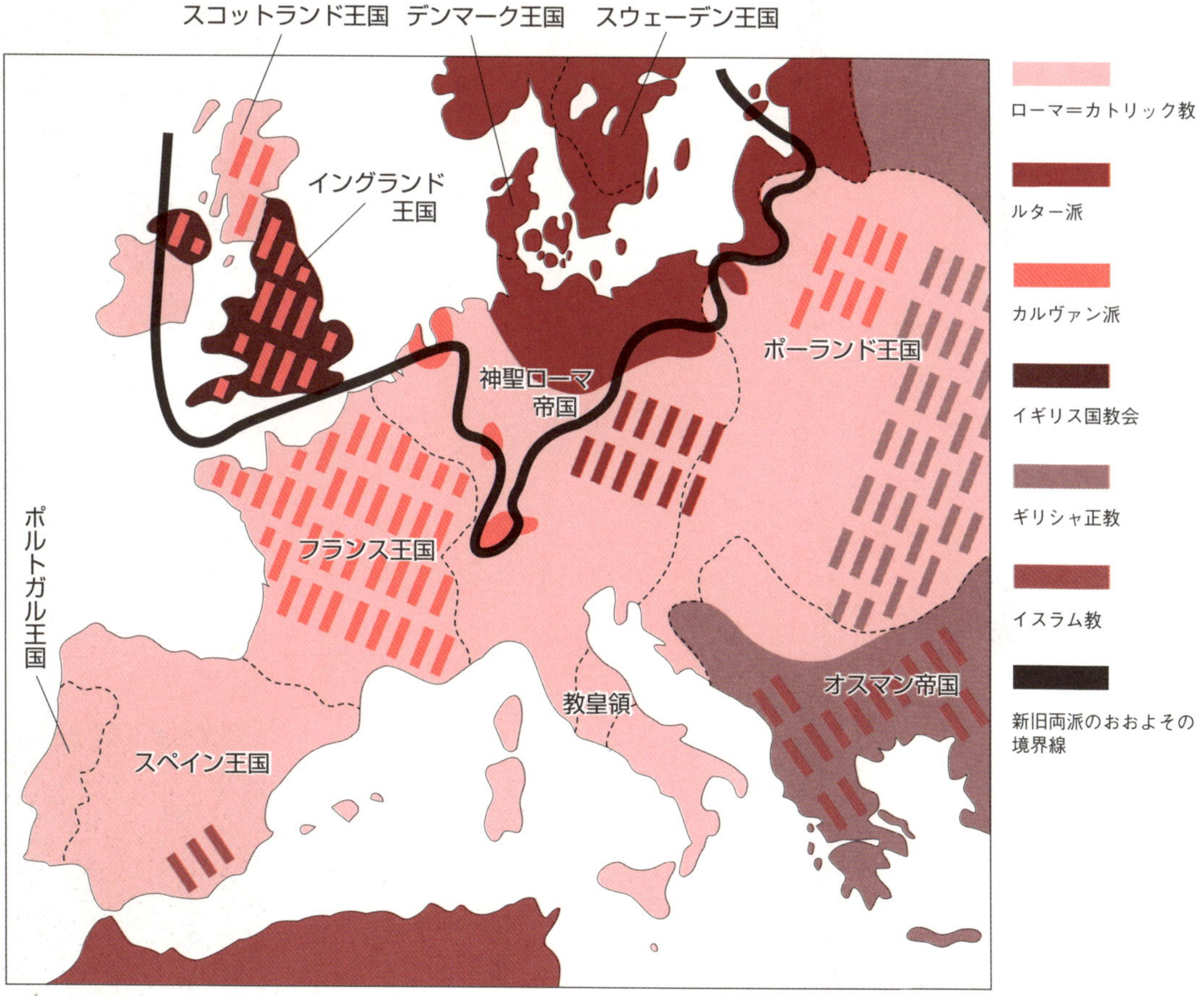

新教（プロテスタント）と旧教（カトリック）の比較

カトリック教会	イギリス国教会	ルター派	カルヴァン派
教皇を頂点として秘蹟（サクラメント）を授ける教会を聖書より重視。	国王が教会を支配する。礼拝や儀式の面ではカトリック式が残っている。	人は信仰によって救われるという「信仰義認説」を主張する。	聖書中心主義を徹底し、牧師と長老からなる教会を作る。「予定説」を説く。

神権政治 国家を支配する〝神の代理〟

◎宗教と政治の融合した統治システム

巫女や司祭による神権政治

ある国や民族、部族などの支配者が、神の子孫として、または神の代理者として、あるいは神から支配権を授与されたものとして、支配・統治する政治組織や政治制度のことを神権政治《しんけんせいじ》という。

古くは原始社会において、すでに神権政治が行なわれていた。原始社会では巫女《みこ》や祭司といった、宗教的に上に立つ立場の者が神の意思を受けて、それをもとに集団を統率していたと考えられている。

これはその後、政治形態の発展とともに統治者の支配権と結びつき、世界各国で見られるようになった。とくに、皇帝よりもローマ教皇のほうが強大な権力を持つ社会や国家はヨーロッパ各地で成立し、「神」が実質的な政治的支配力を持つ例も多い。

古くはバビロニア、ヘブライ、エジプトといった古代オリエント諸国に始まり、キリスト教、イスラム教、仏教など宗教が根づいている多くの社会で見られる。たとえば、古代メソポタミア文明におけるジッグラト（聖塔）の存在は、まさに神権政治が行なわれていたことの証拠である。

古代ユダヤ社会では、王は聖なる存在として崇《あが》められ、政治および軍事の両方の実権を握っていると同時に、宗教上の最高司祭の存在だった。政治方針は宗教的原理によって決められ、たとえば裁判が開かれても、その判断の基準となるのは宗教上の戒律だった。

また、古代イスラエルで行なわれていた神権政治では、イスラエル人は神から選ばれた選民であるという思想に基づいている。そこでは神の声を聞き、それを人々に伝える「預言者《よげんしゃ》」の存在が重要とされていた。

イスラエルの宗教的支配者であるモーゼは、唯一絶対の神であるヤハウェと契約を結び、それを律法という絶対的な教えとして民衆を導いた。その後、士師の時代には、ヤハウェから権威を授かった政治的・軍事的支配者が国を治めた。王朝が開かれると、初代の王サウルもまたみずからの言葉を神の意思として神権政治を行なった。支配者が替わっても神の意思による支配という基本は変わらなかのカエサルは「現人神」とされ、死後も神格化された。特定の宗教のもとで統治者は「神」とみなされることがある。このような神権政治は歴史上、さまざまな国で見られる。

三大宗教用語の
基礎知識

【ジッグラト】
古代メソポタミア社会で見られる、巨大な複層階の建造物。聖塔があり、神にもっとも近い場所とされていた。

【預言者】
『旧約聖書』では前八〜七世紀のイスラエルの宗教的指導者。コーランでは、アダム、アブラハム、モーゼ、イエスらを預言者とし、ムハンマドは最後の預言者とされている。

かったのだ。

教会は国家に従属するもの

ローマ帝国においても、カエサル＝現人神《あらひとがみ》とされ、死後も神格化された。カエサルの後継者アウグストゥスもまた、神の恩寵《おんちょう》を受けた皇帝として君臨し、その支配権は神の存在に基づいているものとされた。のちには、キリスト教をもとに帝位を神格化した。

東ローマ帝国では、教会と帝国の権威は神によって与えられたものとし、教会の存在は国家に従属するとされた。ただしそこでは、その考え方をもとに、キリスト教は政治におおいに利用された。

中世のローマ教会では、教皇は使徒ペテロの後継者とされた。教皇と皇帝はそれぞれ宗教的支配と政治的支配を行なっており、両者の支配領域は異なっているようにも見える。しかし、じつは教皇は神からすべての支配権を託された存在であり、政治などの世俗的な権力の行使を皇帝に託しているに

神権政治とは

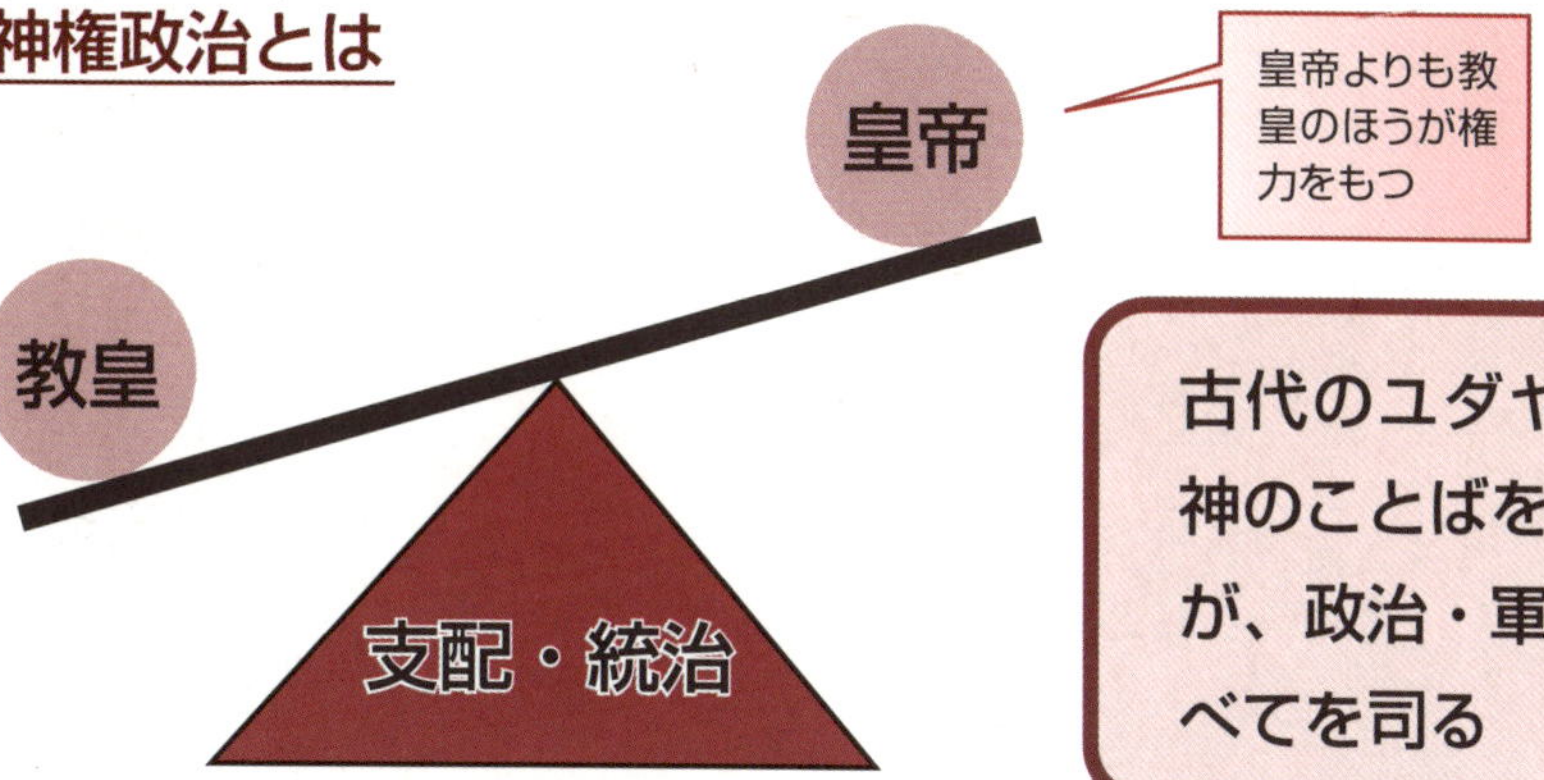

古代のユダヤ社会では、神のことばを授かった王が、政治・軍事・宗教すべてを司る

メソポタミアの神権政治

前3500年ごろ　人口が増え、文字も発明される
前3000年ごろ　都市文明が栄える

ウルのジッグラト（聖塔）

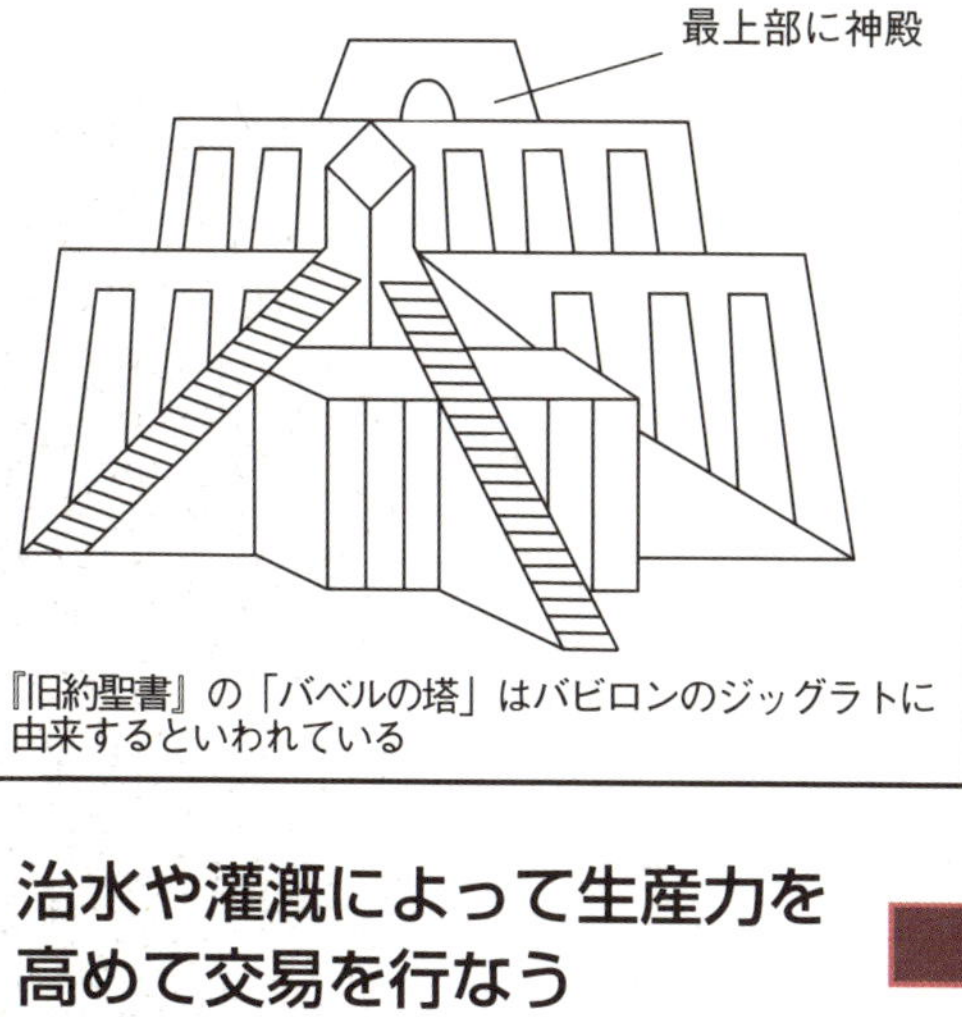

『旧約聖書』の「バベルの塔」はバビロンのジッグラトに由来するといわれている

↓

各都市が独立し、都市国家が形成される
ウル、ウルク、ラガシュなど

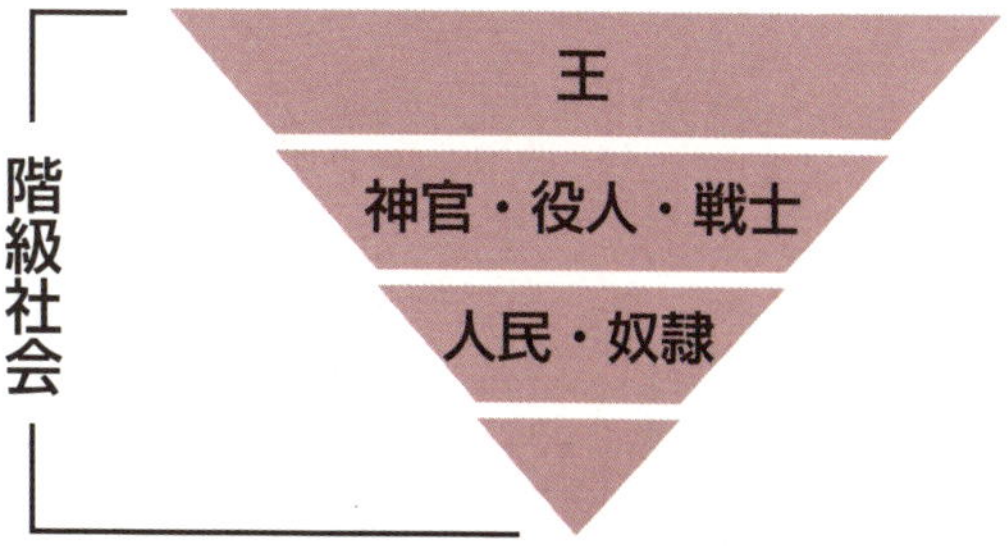

治水や灌漑によって生産力を高めて交易を行なう → 神殿や宮殿、王墓を作る

すぎないという考え方が基本にあった。教会国家主義による神権政治と考えられる。

王権神授説という考え方

ルネサンスから宗教改革時代になると、世俗的な権力を教会の権限の支配下から少しずつ分離していく方向へ進んでいく。といっても、あくまでも国家権力は神から与えられたものであるという考え方は変わらず、国家と教会とで協力しあうことで聖書の理念に基づく神の国の実現を目ざすという建前は生きていた。

このような社会では、たとえば支配者が神意にそむくことを人民に強いた場合、人民は自分の良心に従ってそれを拒絶することも可能になってくる。支配者としての神の意思と、ひとりの個人としての信仰とがバランスがとれていれば神権政治の基盤は安定的である。しかしその調和が失われることもあった。いうまでもなく、それは為政者にとって都合の悪い状態である。

王権を絶対的なものとする新たな考え方として王権神授説が生まれた。これは王権とは神の意思そのものであり、いくら良心に反するものであっても、それが権力者の言葉であれば絶対にそむくことはできない、という考え方だ。これは近代社会になり、市民階級が台頭してきて絶対王政が揺らぎ、政治と社会とが分離しはじめるまで続いた。

一方、中国では、古代の殷《いん》帝国で神権政治が行なわれていた。そこでは王は「天」の代理者であり、政治的な決定事項は「占いで天意を確かめる」という形で進められていた。しかしその後は、儒教《じゅきょう》道徳的な思想の支配力が強まるにつれて、王の神格化された権威が失われていった。

天皇＝神を中心にした国家

日本ではどうか。なんといっても古代社会では、天皇＝神の子孫であるとされ、祖先神である神の権威をもって民衆の上に君臨しているという考え方が支配していた。

その流れは、大化の改新を経てさらに強まり、天皇＝神の子孫を頂点とする確固たる国家作りが進められた。

神について語られた神話や伝説が生まれたのも、こういった背景があるからだ。武家社会においては天皇の存在感は希薄になっていくが、明治維新後、昭和前期までは天皇の神格化が再び日本人の心理に大きな影響力を及ぼすようになる。

神権政治はその国の支配体制に必ずしも好ましいことばかりではない。

イスラム教はもともと政教分離が不分明だといわれるが、イラクのように、神権政治が支配勢力の強権につながり、国民の生活に強い束縛が生じることもある。

宗教が大きな力を持っている時代に生まれた神権政治だが、その後の歴史的展開においては、むしろそのマイナス面が目立つケースが多いことがわかる。

三大宗教用語の基礎知識

【殷帝国】
「商」と自称。前十六世紀ごろ、夏《か》を滅ぼして創始する。殷墟で発見された甲骨文字には、占いに関する記録が刻まれていた。

【大化の改新】
六四五年。聖徳太子の死後、天皇もしのぐほどの権力を持ちはじめた蘇我氏を、中大兄皇子（のちの天智天皇）らが倒した事件。これをきっかけに天皇中心の中央集権体制が強まっていく。

殷代の中国

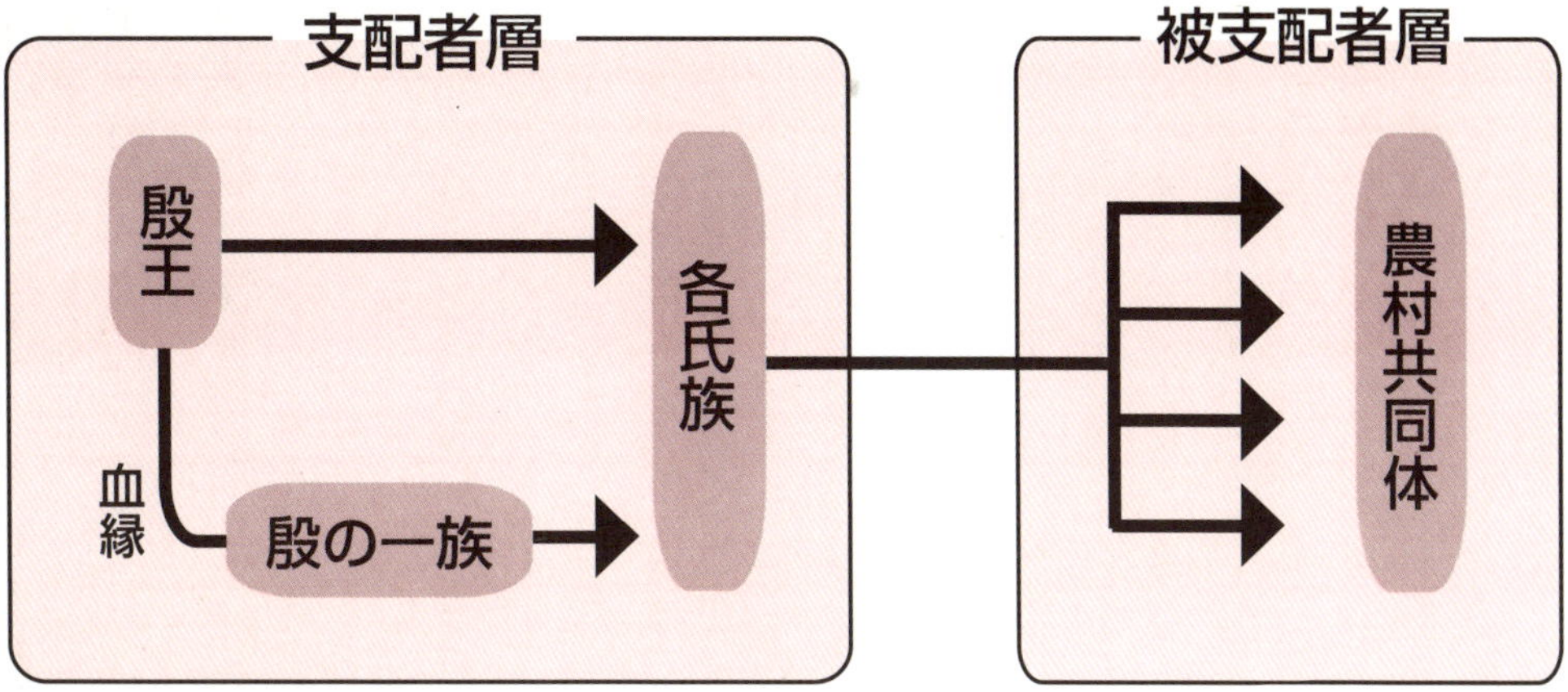

殷王の祖先を共通の父とする邑の連合体

発掘された殷王墓は、副葬品や殉教者が多かったことから
強大な軍事力と神権的な政治が行なわれていたことがわかる

日本の憲法制定にみる天皇の比較

大日本帝国憲法		日本国憲法
1889(明治22)年　欽定憲法	発布	1946(昭和21)年　民定憲法
主権在君	主権	主権在民
統治権の総攬者	天皇	日本の象徴。行政権は内閣
天皇に対し責任を負う	内閣	国会に対し責任を負う
天皇に発議権	改正	国会の発議で国民の賛成

世界の宗教紛争
人類史上絶えることなき争い
◎いまだになくならない宗教がかかえる問題

世界には信仰の違いによって何百年もの間対立し、武力紛争を繰り返してる地域がある。時には周辺国まで巻き込む戦争に発展することもあり、当事国だけの問題では済まないケースも多い。

湾岸戦争の火種にもなる

宗教上の対立が原因で国家と国家、あるいは民族や部族間で起こる宗教紛争は、現在でも世界各地で起こっている。

その代表的なもののひとつが、イスラム教におけるスンニ派とシーア派の抗争だ。

四代目カリフ（神の使徒＝ムハンマドの代理人）、アリーの暗殺をきっかけに、その子孫のみを正統なカリフとするシーア派と、それに対抗する多数派のスンニ派の抗争が始まり、八世紀半ばから、現在にいたるまで続いている。一九八〇年に始まるイラン・イラク戦争ももともとはこの対立が根底にあった。

シリアとイスラエルに国境を接する小国レバノンにも宗教紛争が存在する。もともとフェニキア人の国だったが、周辺諸国からの侵入によって分断され、さらに国内のキリスト教徒とイスラム教徒が対立している。その対立に、貿易上の利権が絡んで諸外国が介入し、さらにレバノンのキリスト教勢力を強化してイスラエルの動きを牽制《けんせい》しようというキリスト教国の思惑にも影響され、宗教紛争が絶えない。

同様の対立はユーゴスラビアにも存在している。主にギリシャ正教を信じるセルビア人とイスラム教徒が対立しているのだ。旧ユーゴ崩壊後の一九九二年に起こったボスニア共和国独立をめぐる内紛では、数十万人もの死者が出ている（二十四〜二十五ページ参照）。

宗教紛争でつねに危険な状態にあるのがインドとパキスタンだ。イギリスの植民地の時代から、イスラム教徒とヒンズー教徒は激しく対立していたが、両国が独立する際には二つの宗教を明確に分けようとした。

しかしそれはもともと完全にはできないことであり、地域的な衝突が各地で起こった。とくにカシミール地方をめぐる両者の熾烈《しれつ》な争いは、四度にわたる印パ戦争を引き起こした。

諸外国の干渉で複雑化

いうまでもなく、パレスチナで繰り広げられるユダヤ人とアラブ人の攻防も根深い。ユダヤ教を信

三大宗教用語の 基礎知識

【湾岸戦争】
イラクとイランとの八年におよぶ戦争が停戦したあと、戦争による経済的疲弊が深刻だったイラクが、石油をめぐってクウェートと対立。イラクのクウェート侵攻が大規模な戦争へと発展した。

【カシミール】
住民はイスラム教徒が多数派だったが藩王はヒンズー教徒だったのでインドに帰属した。以後、カシミールをめぐって、インドとパキスタンが激しい対立を続けている。

仰するユダヤ人は歴史上何度も迫害を受けてきたが、十九世紀末に始まったシオニズム運動により、本来の故郷であるパレスチナへ還ろうとする大きな動きが始まった。ところがパレスチナにはすでにアラブ人が居住し、共同体を築いていた。この対立は、多くの宗教紛争がそうであるように、諸外国の干渉を受けることで複雑化していき、戦闘やテロによる犠牲者が多数出ている（二十六～二十九ページ参照）。

現在、世界中に広まった三大宗教が、その地域の政治権力と結びついたり経済的な利権と絡み合ったりして、宗教以外の問題も巻き込んだ対立の原因となっている。さらに既存の民族宗教、部族宗教などと対立することもある。そして、しばしば武力衝突に発展する。外国の軍事介入を招いたり、代理戦争に発展することもある。

平和的共存よりもむしろ対立が生まれることのほうが多いのも、宗教がかかえる問題のひとつである。

世界の主な宗教紛争

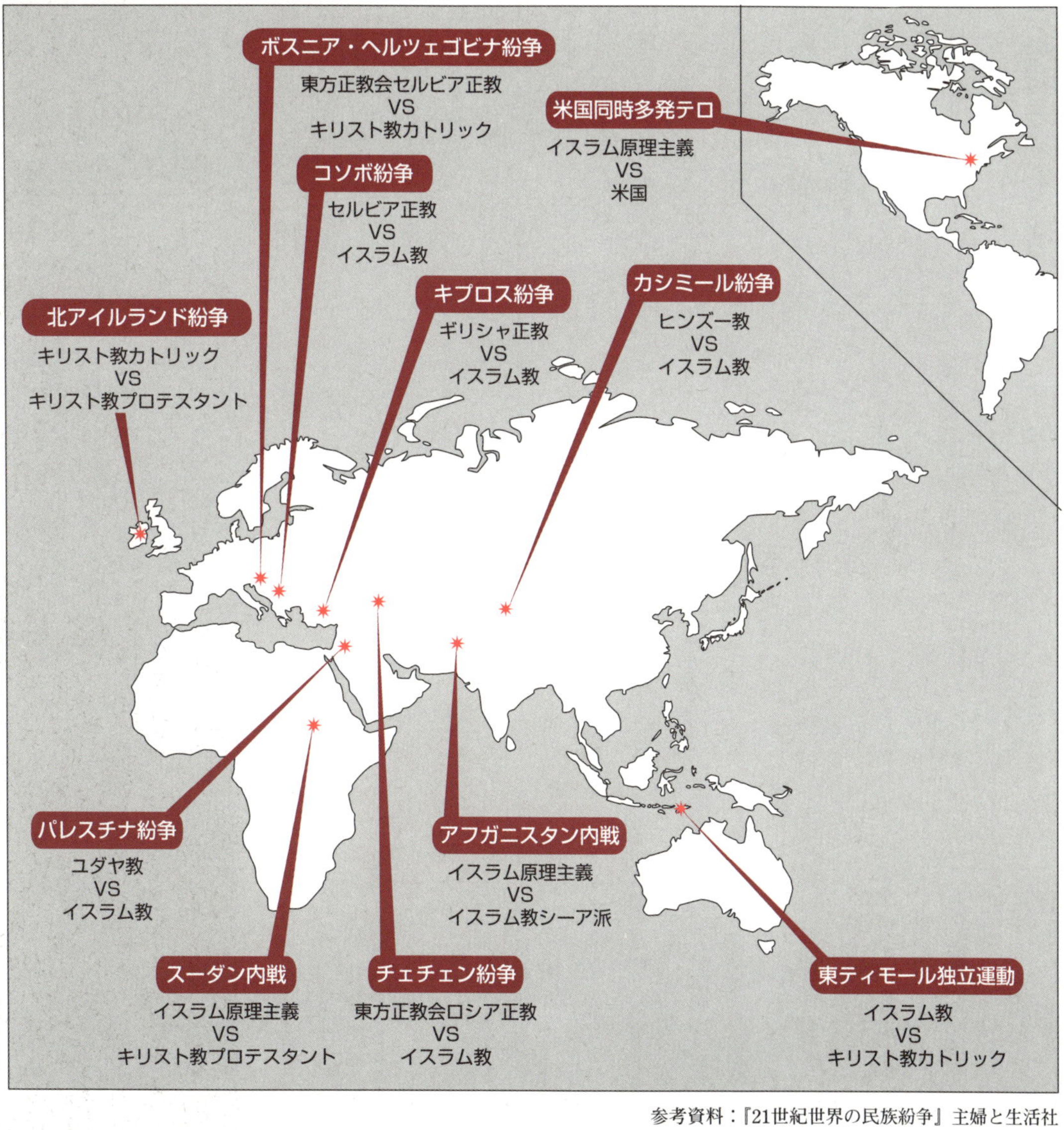

参考資料：『21世紀世界の民族紛争』主婦と生活社

ボスニア紛争に見る宗教問題
多民族国家内の多宗教による争い

◎宗教紛争の縮図・バルカン地域の悲劇

デイトン合意によって、三年半のボスニア紛争がようやく終結した。しかしいまだにその犠牲者数が正確に把握されていないほど混沌とした紛争だった。その根源にあったのは宗教的対立だ。

複雑な国家だったユーゴ

一九九五年十一月、パリにおけるデイトン合意とそれに続く和平協定調印により、ようやくボスニア紛争が終結した。三年間で二十万人もの犠牲者を出したこの紛争の根底にあるのは、宗教の対立の構図だった。

ヨーロッパとアジアとの中間点にあるバルカン地域は、中世よりイスラム国家であるオスマン帝国やカトリック国家であるハプスブルグ帝国の勢力が入り乱れて、つねに複雑な様相を示してきたが、現在でも多種多様な民族や国家が入り乱れている。

第二次世界大戦後に成立したユーゴスラビアは「七つの国境、六つの共和国、五つの民族、四つの言語、三つの宗教、二つの文字、一つの国家」といわれるほど混沌《こんとん》とした国家だったが、その六つの共和国のうちのひとつがボスニアである。

共和国のなかでもとくに経済的貧困が深刻なボスニアは、三つの宗教が混在する地域でもあった。使われている言語はセルビア・クロアチア語で共通だが、宗教を見ると、イスラム教（ムスリム人）、カトリック（クロアチア人）、セルビア正教（セルビア人）とに分かれていた。一九九一年の国勢調査によると、サラエボ市の人口五十三万人のうち、約四〇％がムスリム人、約三〇％がセルビア人、約七％がクロアチア人だった。この三つの宗教の混在のなかにボスニア紛争という悲劇が生まれた。

一九八〇年代以降、ユーゴスラビアの経済状況が悪化するなか、各共和国に独立の気運が広がった。東欧諸国で共産党支配が次々と崩壊して民主主義が台頭し、独立のための内戦が拡大して東欧社会が変貌《へんぼう》していく流れのなか、ボスニアもまた例外ではなかった。

スロベニアとクロアチアが独立をすると、ボスニアでも独立の賛否を問う国民投票が実施された。その結果、独立賛成派であるムスリム人とクロアチア人の票が圧倒的多数を占めて、ボスニア独立が実現する。

三つ巴の戦いになって激化

三大宗教用語の 基礎知識

【ムスリム人】
ムスリムは「神に帰依する者」という意味のアラビア語。旧ユーゴでは南スラブ系のイスラム教徒をこう呼ぶようになった。

【ボスニア紛争の悲劇】
セルビア人勢力が国連防護軍兵士を「人間の盾」にして国際的な批判を浴びたり、セルビア人によってムスリム人八千人が虐殺されたといわれる「スレブレニツァの大虐殺」が起こるなど、数多くの悲劇があったといわれる。

ところが、これにより国内で少数派になってしまうセルビア人がこれに反旗を翻した。セルビア人はムスリム人・クロアチア人との間の対立を深め、それが武力衝突に発展してボスニア紛争の悲劇が始まったのだ。

当初はムスリム人とクロアチア人とが手を結んでセルビア人に対抗するという構図だったが、やがてムスリム人とクロアチア人も攻撃しあうようになり、三者の対立へと展開した。そして内戦は激化して一般市民の犠牲者も増えていった。

これに対して国連やNATOはさまざまな形で援助や干渉を行ない、調停の努力もなされたが、和平への道はなかなか開けなかった。

デイトン合意により、ボスニアの独立があらためて承認されて、ようやくボスニア紛争は終結したものの、宗教的対立を発端とした激しい紛争は、東欧社会の現代史に大きな爪あとを残すことになったのだ。

旧ユーゴスラビアの解体とボスニア紛争

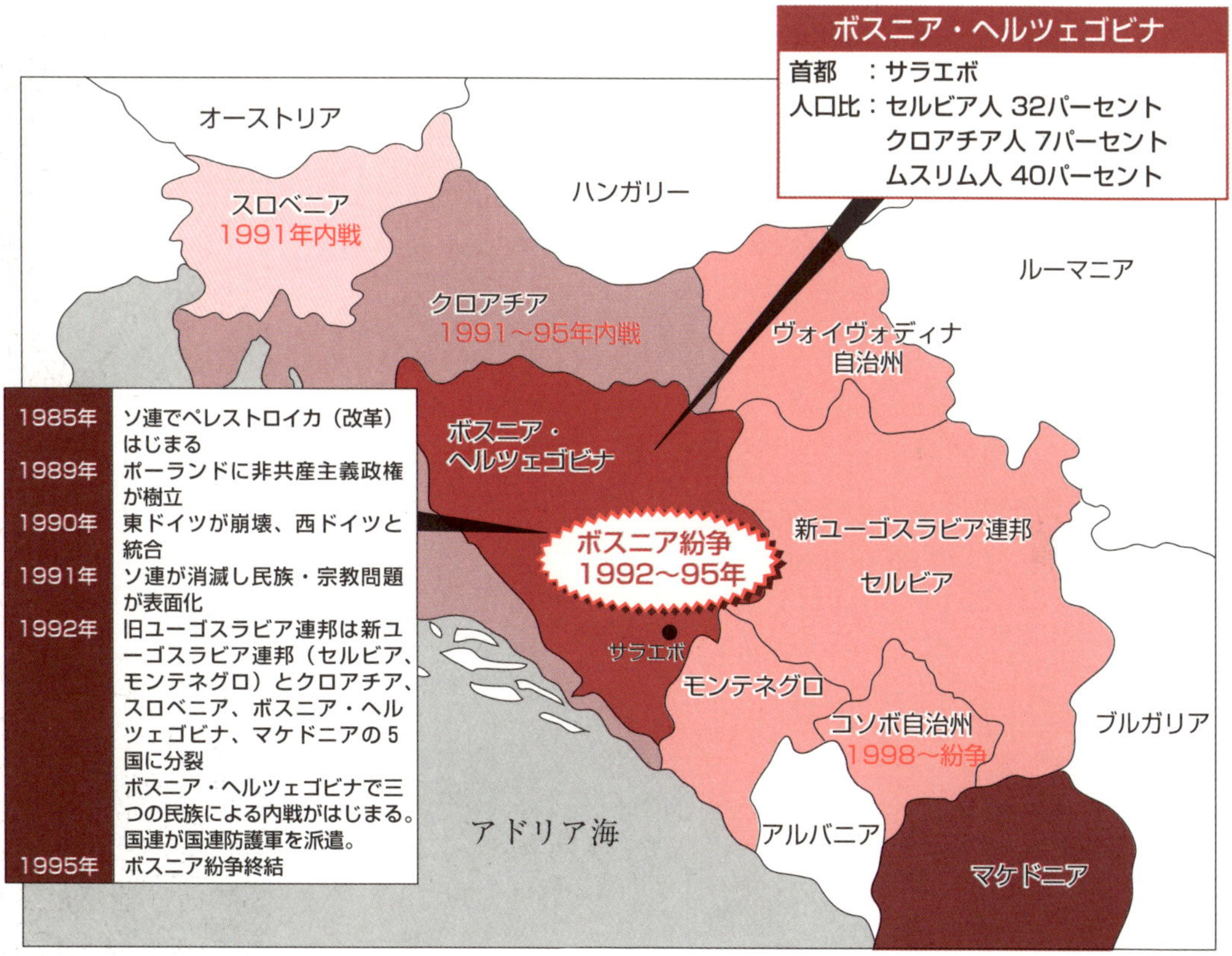

ボスニア・ヘルツェゴビナ
首都　：サラエボ
人口比：セルビア人 32パーセント
クロアチア人 7パーセント
ムスリム人 40パーセント
オーストリア
ハンガリー
ルーマニア
スロベニア
1991年内戦
クロアチア
1991～95年内戦
ヴォイヴォディナ自治州
ボスニア・ヘルツェゴビナ
新ユーゴスラビア連邦
セルビア
ボスニア紛争
1992～95年
サラエボ
モンテネグロ
コソボ自治州
1998～紛争
ブルガリア
アルバニア
マケドニア
アドリア海
1985年　ソ連でペレストロイカ（改革）はじまる
1989年　ポーランドに非共産主義政権が樹立
1990年　東ドイツが崩壊、西ドイツと統合
1991年　ソ連が消滅し民族・宗教問題が表面化
1992年　旧ユーゴスラビア連邦は新ユーゴスラビア連邦（セルビア、モンテネグロ）とクロアチア、スロベニア、ボスニア・ヘルツェゴビナ、マケドニアの5国に分裂
ボスニア・ヘルツェゴビナで三つの民族による内戦がはじまる。
国連が国連防護軍を派遣。
1995年　ボスニア紛争終結

参考資料：『図解 たった5分の現代史』青春出版社

パレスチナ問題考察
「文明の十字路」をめぐる悲劇の歴史

◎いまだ光を見出せない混迷の闘争の地

パレスチナというひとつの土地をめぐって二つの民族が対立している。自爆テロなどで今も数多くの犠牲者を出している混沌とした紛争の根底にあるのも、やはり根深い信仰の問題だ。

シオニズム運動のきっかけ

宗教的対立が発端となった紛争のなかで、世界中からもっとも注目を集めているのがパレスチナ問題である。シオニズム運動が始まったのをきっかけに吹き出したパレスチナ問題は今現在も解決することなく継続し、犠牲者が出ることさえある。

パレスチナとは地中海の東岸にあり、レバノン、シリア、ヨルダン、エジプト、そしてシナイ半島に囲まれた地域をさす。現在地図を開くと、ここにはイスラエルという国が存在するが、そのイスラエルが成立するまでには複雑な経緯があり、イスラエルという国そのものが今もひとつの大きな問題になっている。

ユーラシア大陸とアフリカ大陸を結ぶ場所にあるパレスチナは「文明の十字路」とよばれ、昔から多くの民族や多様な文化を持った人々が出会う場所だった。

約三千年前、ここにはユダヤ人が居住していた。ところが紀元一世紀、ローマ帝国がそのユダヤ人を追放したことからユダヤ人の悲劇が始まり、そしてその悲劇が今現在のパレスチナ紛争となっているのだ。

そのユダヤ人たちが追い出されたあとに、パレスチナの土地にはパレスチナ人が住み、そのパレスチナ人を支配したのはオスマン帝国だった。

ところが、ここにイギリスが登場して状況を悪化させる。パレスチナに対してイギリスが行なったことは、「二枚舌の行ない」として今も問題視されている。

今も遠い「平和への道筋」

まずイギリスは、一九一五年、アラブのフセイン（ハシム家の首長）に書簡を送り、アラブ軍が反トルコの戦いに勝利すればパレスチナを含むアラブ独立王国の樹立を約束するとした。ところがその二年後、同じイギリスが、パレスチナの土地にユダヤ人が建国することを認めるバルフォア宣言を出した。

つまり、イギリスはアラブ人とユダヤ人との両方に、パレスチナの土地を国家として認めてしまったのだ。

三大宗教用語の基礎知識

【シオニズム運動】
イスラエルの地に故郷を取り戻そうとするユダヤ人の運動。エルサレム市街にある「シオンの丘」の名前からとられた。

【パレスチナ分割】
一九四七年の国連総会で、パレスチナの土地のうち五六・五％をユダヤ国家、四三・五％をアラブ国家とし、エルサレムを国連の信託統治下におくことが決まった。

ユダヤ人は第二次世界大戦の大虐殺《ぎゃくさつ》をはじめとして、世界各国でいわれのない迫害を受けてきたという歴史を背負っている。それと同時に、民族として優れ、とくに商才に関しては並外れたものがあるとされるユダヤ人は、世界各地で経済社会に少なからぬ影響力を及ぼしている。虐《しいた》げられてきた歴史への同情と、経済社会への影響力に対する脅威から、国際社会ではユダヤ人の「パレスチナ帰還」への支持が広まった。

このような流れのなか、アメリカの裏工作もあり、国連はパレスチナ分割を行なった。しかし当然のことながら、アラブ諸国はこれに猛反発。ここにパレスチナ紛争が始まったのだ。

一九四八年、ユダヤ人はイスラエル建国を宣言する。そして国連がアラブ人のものとしたはずの土地さえも、多くはイスラエルのものとなり、今度は数多くのパレスチナ難民が生まれてしまった。

このような動きのなかでアラブはイスラエルに対して何度も武力

パレスチナの流れ

1947年　国連分割決議

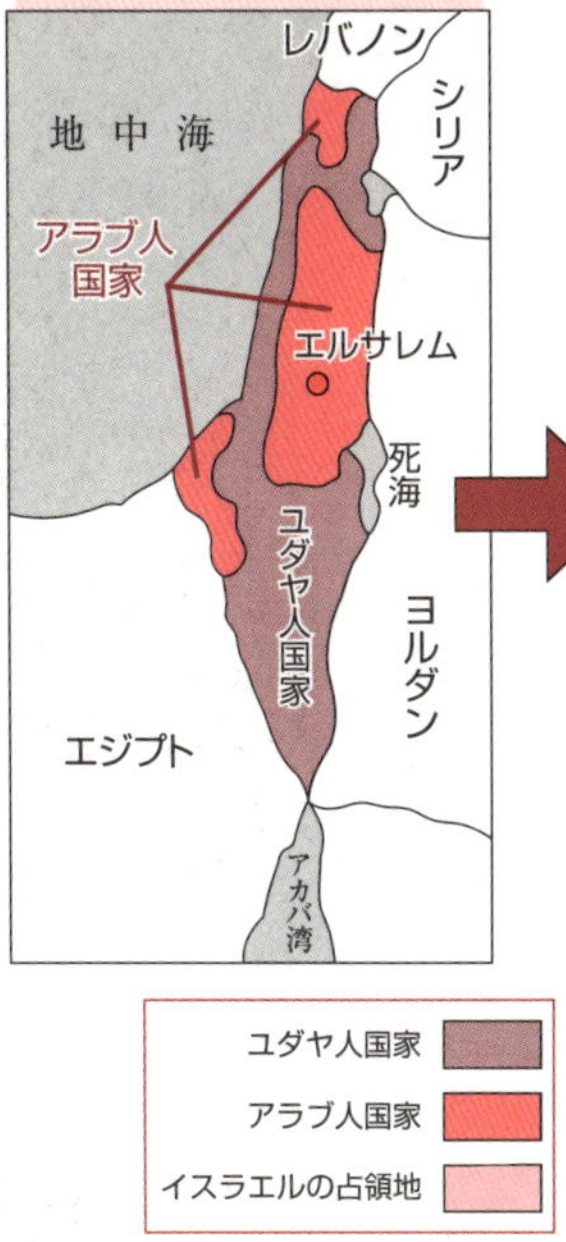

1967年　第３次中東戦争

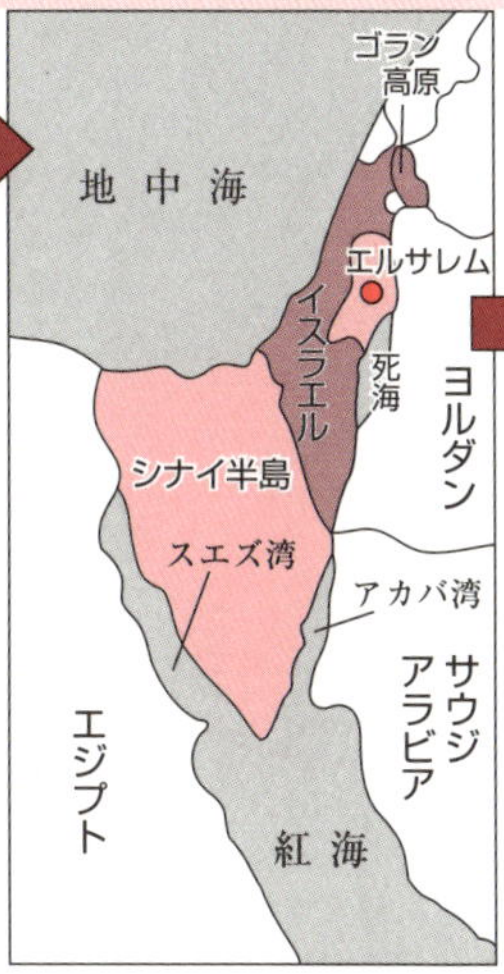

現在のイスラエルとパレスチナ

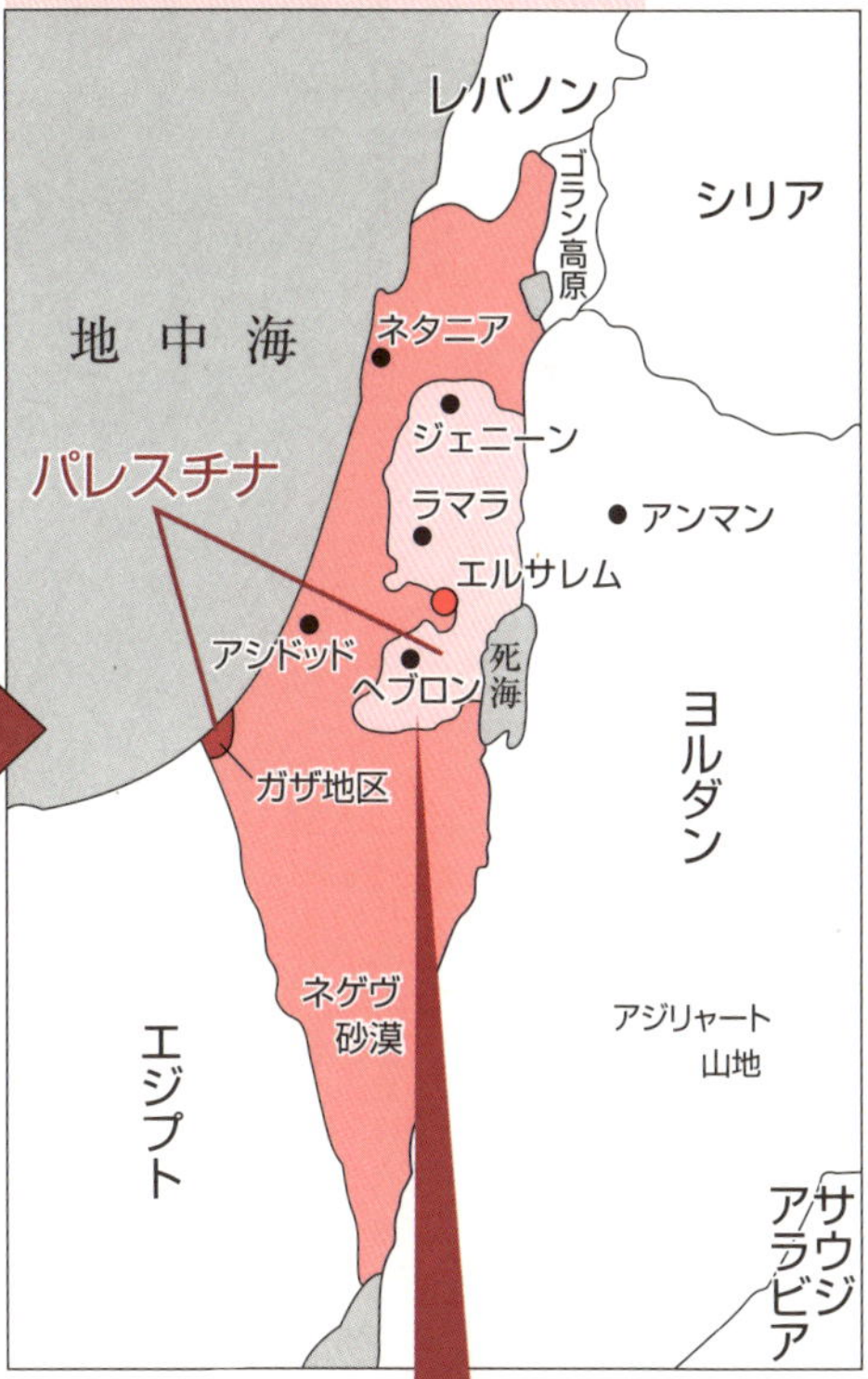

参考資料：外務省ホームページ

パレスチナの歴史	
1947年	国連総会でパレスチナの分割決議が行われる
1964年	パレスチナ解放機構（ＰＬＯ）が結成
1967年	第3次中東戦争でイスラエルがガザと西岸を占領
1969年	ＰＬＯの議長にアラファト氏が就任
1987年	ガザと西岸でパレスチナ住民がイスラエルに対して蜂起する
1988年	パレスチナ国家の樹立を宣言
1991年	マドリード中東和平会議
1993年	暫定自治に関する原則宣言（オスロ合意）に署名
2004年	アラファト議長死去
2005年	大統領にアッバース氏が就任

パレスチナ暫定自治政府

本　部：ラマラ
面　積：6165平方キロメートル
総人口：947万人
西岸約234万人。ガザは約136万人。
パレスチナ難民は約419万人
イスラエルのパレスチナ人人口は約130万人
宗　教：人口比でイスラム教97パーセント、キリスト教3パーセント
政　治：現在、ガザ地区と西岸の40パーセントを自治している。

攻撃を仕掛ける。これが「中東戦争」である。この戦争では超大国アメリカがイスラエル側を支援したこともあって、イスラエル有利に展開し、国連がアラブ人の地域として定めた場所さえもイスラエルが占領してしまった。

その結果、多くのパレスチナのアラブ人イスラム教徒たちは「パレスチナ人」として難民生活を強いられることになった。

その後、ヨルダン川西岸とガザ地区とがパレスチナ自治区として解放されたが、実際にはユダヤ人も多く、武力衝突や自爆テロは相変わらず繰り返されている。

その後、中東問題解決に向けてアメリカ、ロシア、EU（ヨーロッパ連合）、国連による「平和への道筋」が提起され、イスラエルのシャロン首相、パレスチナのアッバース首相との間で話し合いがもたれた。

一応は平和的な共存に向けて動きはじめたかに見えたが、現実には今も自爆テロが続き、先行きは不透明だ。

ユダヤ人へのいわれなき偏見

それにしても、なぜユダヤ人とパレスチナ人はそこまで徹底的に敵対しあうのか。

聖書の中に「その日、主はアブラハムと契約を結んで言われた。『私はこの地をあなたの子孫に与える。エジプトの川から、かの大河ユーフラテスまで』」（『旧約聖書』・創世記第十五章）とあるが、ユダヤ人にとって、神が自分たちに与えてくれたのがパレスチナの土地である。自分たちはローマ人により追放され、その後はアラブ人が住むようになったが、あくまでもユダヤ人と神との間に存在するのがパレスチナである。それがユダヤ人の主張だ。

一方、パレスチナ人は、自分たちが住んでいる土地にやってきた「異教徒」であるユダヤ人が、いきなりイスラエルを建国したことは、まるで土地泥棒に土地を奪われたようなものと主張する。

この両者の食い違いが、パレスチナ紛争という根深い問題を引き起こしているのだ。

ユダヤ人はイスラエルに四百八十万人、世界各地に約千三百万人もいると言われている。ユダヤ教はユダヤ民族（イスラエル民族）から生まれた宗教で、唯一絶対神ヤハウェを信仰し、ユダヤ民族はヤハウェの民、神に選ばれた民族であるという思想に基づいている。モーゼが作った律法の教えを尊重し、旧約聖書を経典として、今も救世主の到来を待望している。

一方、キリスト教徒のなかにはユダヤ教徒を「イエスを殺した民族」として憎むべき存在とする考え方もある。ユダヤ人へのそのような敵意が、ユダヤ人への差別意識を生み出し、さらにはパレスチナ問題などの原因のひとつとなっていることも間違いない。

三大宗教用語の 基礎知識

【シャロン首相】
二〇〇一年からイスラエルの首相を務めた。強硬姿勢を貫くタカ派で、パレスチナ国家独立を明言したことでも知られる。現在は引退している。

【アッバース首相】
四カ国による「平和への道筋」について討論する場に、パレスチナのアラファト議長に代わって参加した。しかし交渉に失敗して、わずか四カ月で辞任。アラファト議長死去後、後継者となる。

中東戦争の流れ

1947年 国連がパレスチナ分割を決議

西欧偏重だとしてアラブ連盟が
国連に猛反発する

↓

1948年 イスラエル建国

国連の分割決議を受けて
ユダヤ人国家が成立

↓

同年 第1次中東戦争が勃発

イスラエルは国連が定めた
地域以上を占領
アラブ周辺諸国は完全に敗退する

↓

1956年 第2次中東戦争が勃発

（別名「スエズ戦争」）

エジプトがスエズ運河を接収
イスラエルはイギリス、フランスから
の援軍を得てエジプトを攻撃

↓

1967年 第3次中東戦争が勃発

（別名「六日戦争」）

イスラエルがシリア、ヨルダン、
エジプトを攻撃
戦争は6日間で終結し、
イスラエルはシナイ半島を占領する

↓

1973年 第4次中東戦争が勃発

（別名「十日戦争」）

アラブ側がイスラエルを攻撃し
10日間で終結
イスラエル、アラブともに決定的な
勝利はなかった
アラブは石油を武器に使い、
日本は「石油ショック」となる

↓

1993年 オスロ合意

ユダヤ人は、
1917年にイギリスが
ユダヤ人国家の建設を約束した
「バルフォア宣言」を根拠に
イスラエルの樹立
を主張

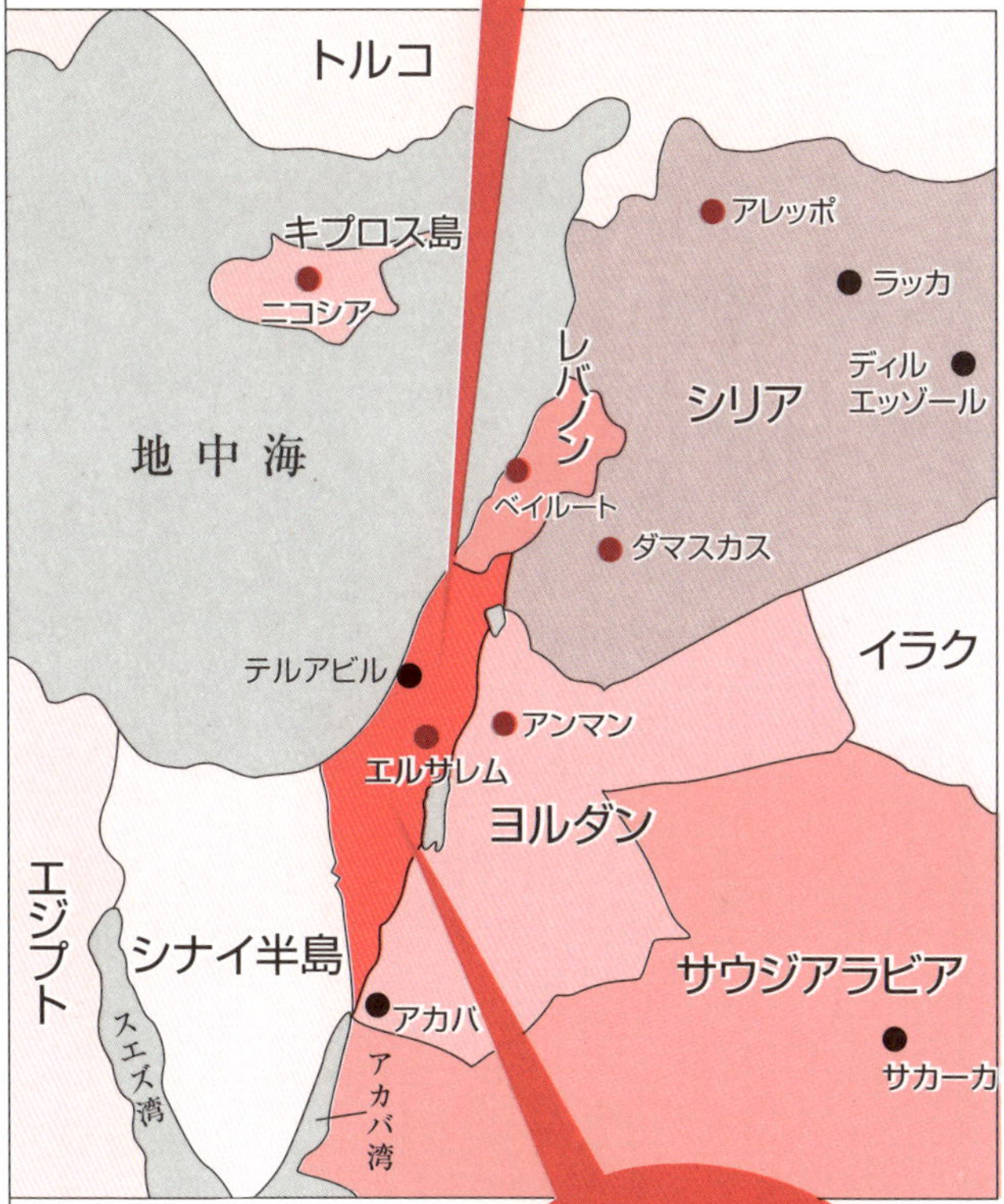

アラブ人は、
1915年にイギリスが
アラブ地域に独立国家の
設立を約束した「マクマホン書簡」
を根拠にアラブ人国家の
樹立を主張

Column 1

ヒンズー教――輪廻からの解脱

仏教の究極の教えのひとつに、輪廻《りんね》する世界からの解脱《げだつ》がある。この思想はもともとインドのバラモン教を起源とし、ヒンズー教も同様にこの思想を受け継いでいる。

ヒンズー教では古くからカースト制度という階級制度が設けられ、日常生活の細部にわたってさまざまなルールが決められていた。それは、外から見ると非人道的ともいえ、一九五〇年にはカーストに基づく差別は禁止される。

しかし、いまだに制度の廃止は明文化されていない。それどころか、ヒンズー教の人々はカーストのルールを守るのが務めだと考えているのだ。それは、ヒンズー教の輪廻思想を信じているからである。

その輪廻思想とは、前世の業《ごう》（カルマ）によって現世の生まれが決定し、現世での業によって来世の生まれが決定するというもの。つまり、現在の自分の身分は前世での業によるものとして、当然のごとく受け止めているのである。

また、輪廻するのは人間に限らず、ほかの動植物、無生物や自然界、そして世界や宇宙も輪廻すると考えられている。

ただし、生存は苦しみにほかならない。ヒンズー教では、仏教と同じように、輪廻から解脱することが重要課題とされている。

ところで、インドには七回生まれ変わっても恩は忘れないという表現がある（『ヒンドゥー教』山下博司／講談社）。七回、輪廻転生を繰り返しても恩義を忘れないという意味だ。

アンコールワット

第2章 世界三大宗教の違い

仏教の開祖ブッダ 王子が出家しようとした理由とは

◎出生の秘密から〝ブッダ〟が誕生するまで

仏教を創始したのは、何不自由なく暮らしていたある一人の王子だった。彼はなぜ、次の王の座や妻子を捨ててまで出家しようとしたのか。また、どのようにして悟りを啓いたのだろうか。

誕生直後、七歩歩いて降誕を宣言

世界三大宗教のうち、もっとも古い歴史を誇るのが仏教である。仏教は紀元前六世紀～前五世紀ごろ（あるいは前五～四世紀ごろ）、のちにブッダ、釈迦《しゃか》、釈尊《しゃくそん》などさまざまな尊称で呼ばれるようになる、ゴータマ・シッダールタによって創始される。

シッダールタは実在の人物で、インドの北部、現ネパールのヒマラヤ山麓《さんろく》にある小さな国、釈迦国の王子として誕生する。その年は定かではなく、前六二四年とも前四六三年ともいわれる。また生まれた日も四月八日、二月八日など、諸説あげられている。

ブッダの伝記によれば、母親は人間と交わらずに懐妊し、里帰りする途中に立ち寄ったルンピニーという町で、右脇腹からシッダールタを産んだという。さらに誕生直後、シッダールタは七歩歩いて右手で天を、左手で地を指し、「天上天下唯我独尊《てんじょうてんげゆいがどくそん》」と降誕《こうたん》宣言したといわれている。

これは、のちに自分が創始する仏教の精神を宣言したものと考えられている。

二十九歳で権力も妻子も捨て出家

誕生後、世継ぎとして何不自由なく育てられ、結婚もして一人息子にも恵まれたシッダールタだったが二十九歳の時に転機が訪れる。

ある日のこと、東の城門を出ると老人と出会い、老いの苦しみを知る。

次に南の城門を出ると、病人と出会い、病の苦しみを知る。

今度は西の城門で死人を見かけて死の苦しみを知る。

そして北の城門を出たところ、修行者と出会い、その崇高な姿にこそ、すべての苦しみから抜け出る道があると感銘し、出家を決意するのだった。

これを「四門出遊《しもんしゅつゆう》」という。

こうして権力も妻子も捨てて出家したシッダールタは、その後、過酷な苦行に励むこととなる。

入滅直前まで続けられた伝道の旅

三大宗教用語の基礎知識

【四月八日】
大乗仏教では、ブッダの誕生を記念して花祭が行なわれる。

【天上天下唯我独尊】
この世の中で、私という存在はただ一人で、かけがえのない尊い命を持っている、という意味。

【入滅】
亡くなること。ブッダが亡くなる時には、四方を囲んでいた沙羅双樹が白い花をいっせいに咲かせたといわれている。

シッダールタがようやく悟りを啓《ひら》いたのは、出家してから六年たった三十五歳の時だった。

それまでいくら難行苦行を繰り返しても悟りを得られなかったシッダールタは、ある菩提樹《ぼだいじゅ》の下に座り、静かに瞑想《めいそう》を行なうことにする。この時、シッダールタは悟りを得られない限り、二度とこの座から立ち上がるまいと誓いを立てたという。

そして瞑想に入ってから八日目、ようやく真理に目覚めて悟りを得、自らを如来《にょらい》と称したのだった。これが仏教誕生の瞬間である。つまり、仏教はキリスト教やイスラム教のように、啓示を受けて創始されたのではなく、一人の人間の悟りによって誕生したのだ。如来とは修行を完成した人という意味である。

以来四十五年間、八十歳で入《にゅう》滅《めつ》するまで、ブッダは仏教伝道の旅を続けたのだった。

ブッダの誕生と出家伝説

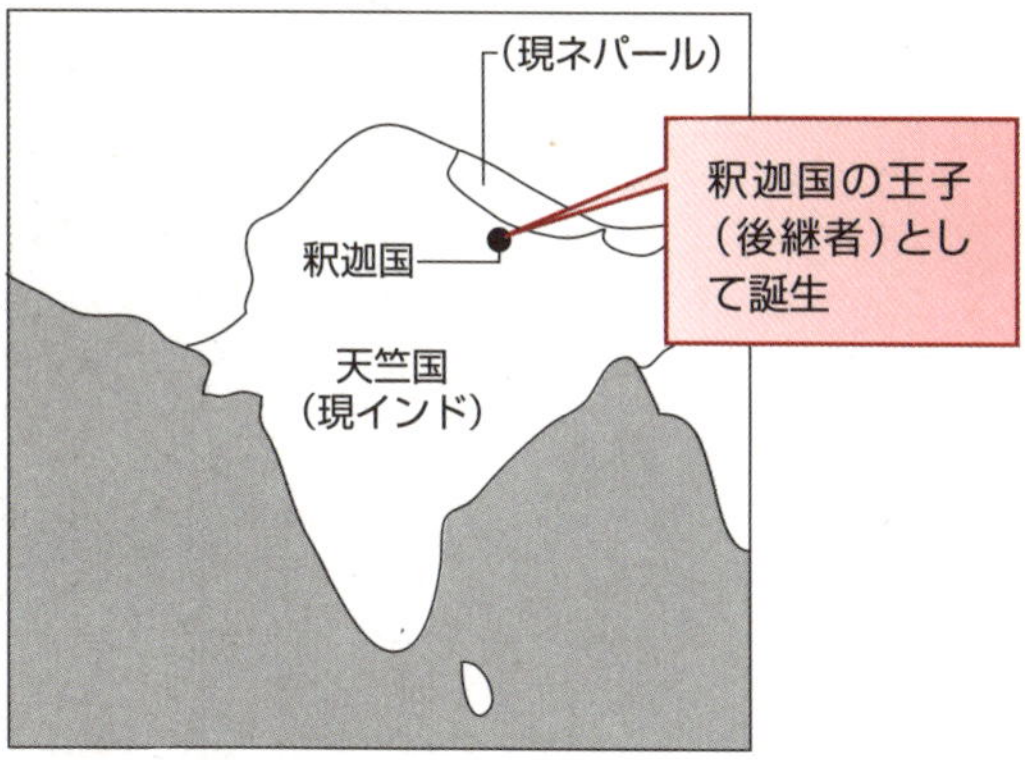

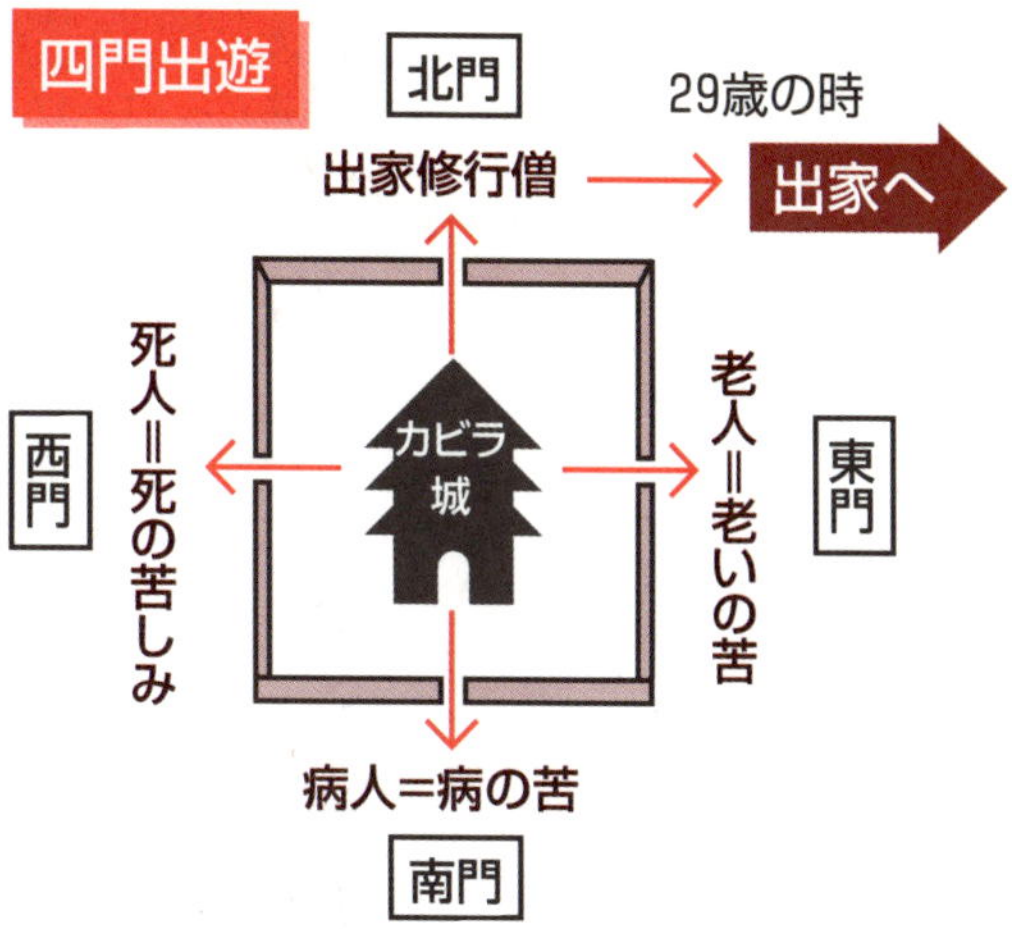

出家から入滅まで

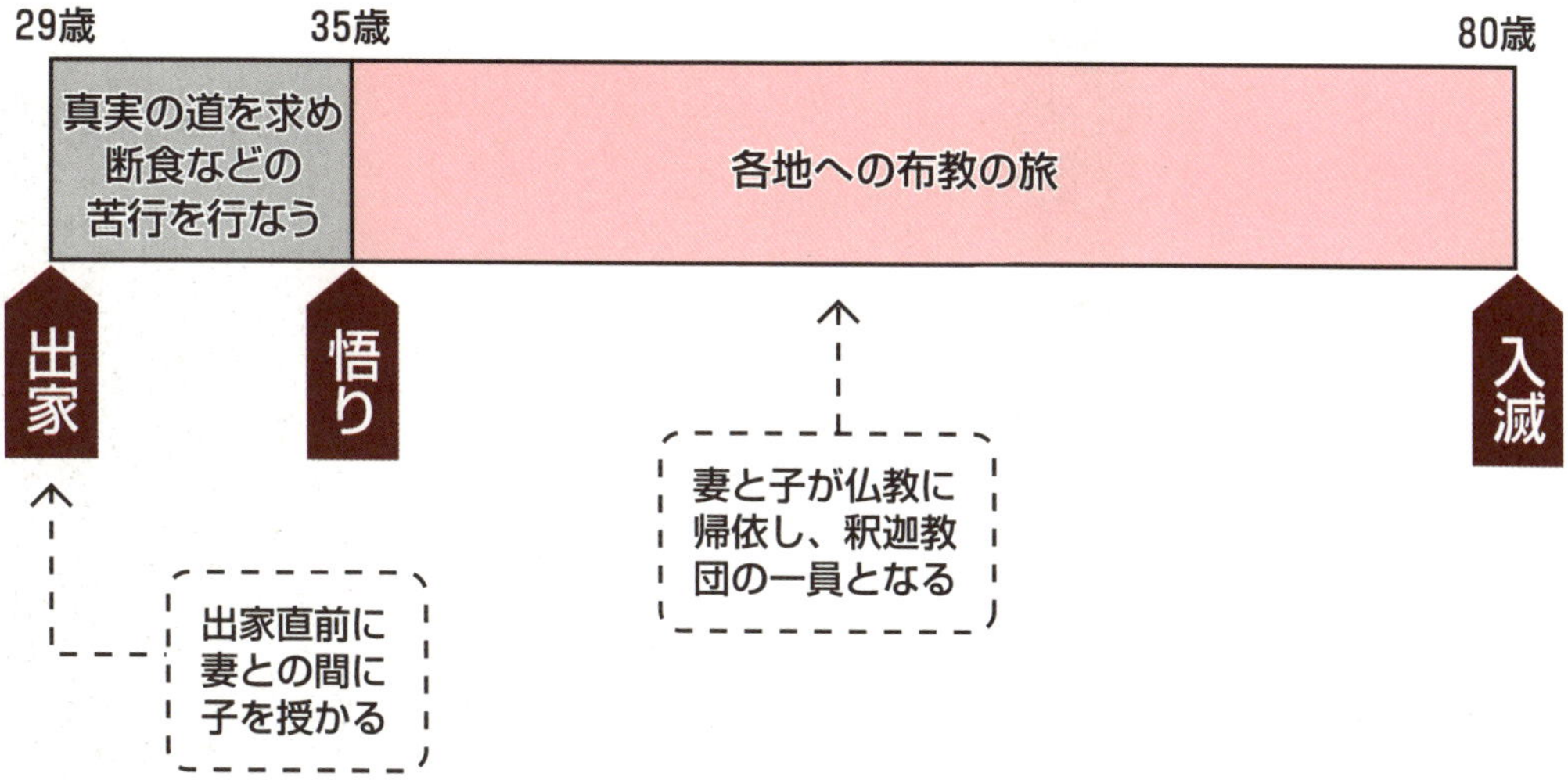

イエス・キリスト
十字架にかけられた「ユダヤ人の王」
◎ヨーロッパ、中東、アジアを中心に広がる三つの宗教

三年にも満たない宣教で、その後の世界の歴史を大きく塗り変えてしまったイエス・キリスト。救世主といわれた彼はなぜ十字架で処刑されたのか——。イエスの短い生涯と足跡を追う。

ナザレのイエス

今から約二千年の昔、現在のイスラエルの地に「ナザレのイエス」と呼ばれるひとりのユダヤ人が現れた。のちに「イエス・キリスト」と呼ばれることになるキリスト教の指導者である。

イエス・キリストとは「イエスは救世主（メシア）だ」という意味なのだが、しかしその救世主は十字架に架けられ、処刑されてしまう。いったいなぜ、イエスは処刑されなければならなかったのか。

イエスは紀元前四年ごろ、大工の父ヨセフと母マリアの息子として生まれ、ガリラヤ地方のナザレで育ったといわれる。

十二歳のころにはエルサレムの神殿で学者たちを相手に問答を交わし、その聡明さに人々は驚愕《きょうがく》したという。

大工を生業《なりわい》としていたらしいが、三十歳のころに洗礼者ヨハネから洗礼を受け、荒野での四十日間の修行を経てのち、ガリラヤ地方を中心に独自の教えを説き始めた。

イエスは待望のメシアか⁉

イエスは「神の国が近づいた」として人々に悔い改めるように説き、病人を癒すなど数々の奇跡を行なったとされている。

福音書は、イエスが体の不自由な人を治し、死者さえも甦《よみがえ》らせたと記している。

そのため民衆は最初「彼こそが待望のメシアだ」として、イエスを熱烈に支持した。当時、ユダヤはローマ帝国の植民地になっていて、ユダヤ人はローマの支配から解放してくれるメシアを心待ちにしていたのだ。

ところが、イエスは彼らが待ち望んでいた意味でのメシアではなかった。

彼が説いたのは神の愛による魂の救済であり、実際に人々をローマの弾圧から救済しようとしたわけではない。民衆の期待は裏切られ、反動でイエスを憎む人々もでてきたとされる。

またイエスはユダヤ教の律法学者やパリサイ派の指導者などからも危険視された。戒律を厳守する彼らに対してイエスは批判的だったのである。

三大宗教用語の
基礎知識

【救世主（メシア）】
ユダヤ教で、最後の審判の日に現れて信徒を救うとされる人物。「キリスト」はメシアのギリシャ語訳。

【パリサイ派】
ユダヤ教の宗派で、立法の厳格な遵守を主張し、イエスとしばしば対立した。

【サドカイ派】
ユダヤ教の宗派で、貴族や祭司階級など富裕層が多い。伝統的な立法を遵守し、天使や悪魔の存在は認めない。

さらに、ローマ帝国の権力者と結託して利権を保っていたサドカイ派の祭司たちからも、イエスは警戒されていく。

十字架でのイエスの死

やがて、イエスは弟子のひとりであるイスカリオテのユダの裏切りにあい、「神の子」を騙《かた》る瀆神《とくしん》の罪でユダヤの最高法院から捕らえられる。

ローマ総督ポンティウス・ピラトゥスの前に引き出され、ローマ帝国への反逆者として、群衆の前で裁判にかけられた。

結果、イエスは「ユダヤ人の王」つまりユダヤ人の救世主だと称した罪状のもとに磔刑《たっけい》を宣告された。

彼は茨《いばら》の冠をかぶせられて十字架を背負い、人々の侮蔑と嘲笑《ちょうしょう》のなかをゴルゴタの丘まで歩き、そこで処刑される。紀元三〇年ごろのこととされる。

イエスが自ら宣教を行なったのは、わずか三年にも満たない短い期間にすぎなかった。

イエスの誕生と死、宣教活動の地

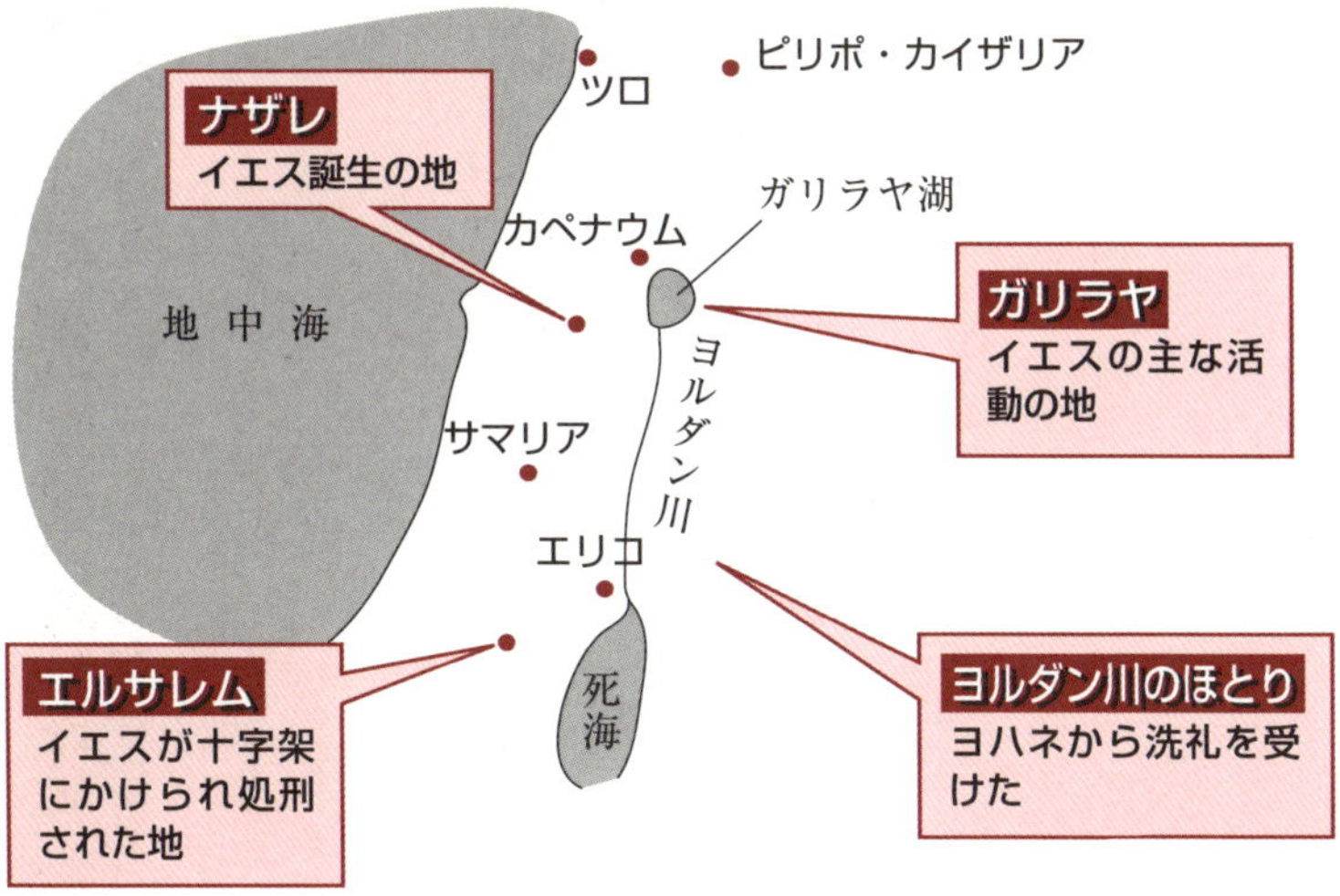

参考資料：『図解雑学　宗教』ナツメ社

イエスの生涯

誕生	イエス誕生（紀元前9〜4年ごろ）
洗礼	30歳ごろ、洗礼者ヨハネにより洗礼を受ける
宣教	ガリラヤ湖付近で教えを説きはじめ、奇跡をなす ← ペテロ、パウロ、ユダなど十二使徒が集まる ● 病人を癒す ● 悪霊払い ● 死者を甦らせる
逮捕	弟子のひとりユダに裏切られ、ユダヤ教の最高法院によって逮捕される
処刑	エルサレム郊外、ゴルゴタの丘で十字架刑に処せられる

最後の預言者ムハンマド

イスラム教誕生に至る道

◎アッラーの啓示を受け、イスラムの地位を確立した神の使徒

最後にして最高の預言者とされているムハンマド。彼はいったいどのような生涯を送り、アッラーを唯一絶対の神とする啓示は、いつどのようにして彼にもたらされたのか。

啓示を受ける前の歩み

ムハンマドは西暦五七〇年ごろ、当時メッカを支配していたクライシュ族の一氏族であるハーシム家に誕生した。

幼いころ両親を亡くし、祖父に引き取られるが、この祖父もまたほどなくして亡くなり、おじのアブー・ターリブに養育される。

二十五歳の時、富裕な未亡人ハディージャの代理として隊商に加わり、そのまま結婚。ハディージャはムハンマドより十五歳年上だった。

やがて六人の子をもうけ、生活が安定すると、ムハンマドはメッカにほど近いヒラー山の洞窟《どうくつ》にこもり、瞑想にふける日々を過ごすようになる。そして、こうした年月が十五年続いたある日、その瞬間が訪れたのである。

「汝は神の使徒である」

ムハンマドの生涯について詳しい『預言者《よげんしゃ》伝』によれば、最初の啓示は西暦六一〇年、ムハンマドが四十歳のころだった。

洞窟でうとうとしていると、天使ガブリエルが現れて突然、「誦《よ》め」と命じた。彼が「誦む術《すべ》を知りません」と答えると天使は彼を羽交い絞めにし、次のような言葉を伝えた。

誦め「創造主である主の御名において。主は凝血から人間を作り給うた」。誦め「汝《なんじ》の主はこよなく有難いお方である。筆をもつ術を教え給《たも》うた。人間に未知なるものを教え給うた」。

ムハンマドはこの現象が何を意味するのかわからなかった。そんなムハンマドのもとに再び天使が現れ、こう言った。

「汝は神の使徒である」

やがてムハンマドは自分が神の使徒であると自覚した。それは同時にアッラーを唯一絶対の神とする「イスラム教」誕生を意味するものだったのである。

確立した預言者の地位

その後、ムハンマドのもとには二十年以上にわたって啓示が下された。最初は妻、従兄弟《いとこ》など狭い範囲で教えを説く程度だったが、六一三年ごろにはメッカにおいて公《おおやけ》

三大宗教用語の
基礎知識

【イスラム発祥以前のアラブ】
もともとメッカは三百六十もの神を祀《まつ》るカーバ神殿を擁する宗教都市だった。主に数派に分かれたクライシュ族が支配し、宗教はあくまで形式的で、それよりも商業利害が優先された。

【ヒジュラ】
メディナ移住はムハンマドらのメッカ脱出であるとともに、部族抗争を鎮圧してほしいとするメディナ側の要請でもあった。

に布教活動を行なうようになる。

しかしイスラム発祥以前のメッカは多神教であるうえ、経済と密接な関係にあり、異教となるイスラムは厳しい迫害を受けた。

理解者であるアブー・ターリブとハディージャが相次いで亡くなり、布教活動に限界を感じると、ムハンマドは教徒たちとともにメディナに移住する。これがいわゆるヒジュラ（聖遷）である。時は西暦六二二年、この年がイスラム紀元の元年とされた。

しかしメディナには部族抗争やユダヤ教徒の存在など、布教に立ちはだかる問題がいくつもあり、ムハンマドはイスラム共同体を率いて、いくつかの戦いを行なわざるを得なかった。

結果、六三〇年にはメッカを掌握。イスラムの存在、そして預言者としての地位を不動のものにしたムハンマドは、六三二年のメッカ巡礼を最後にこの世を去った。彼が残した神の言葉は、以後残された教徒たちの手に託されたのである。

「最後の預言者」が意味するもの

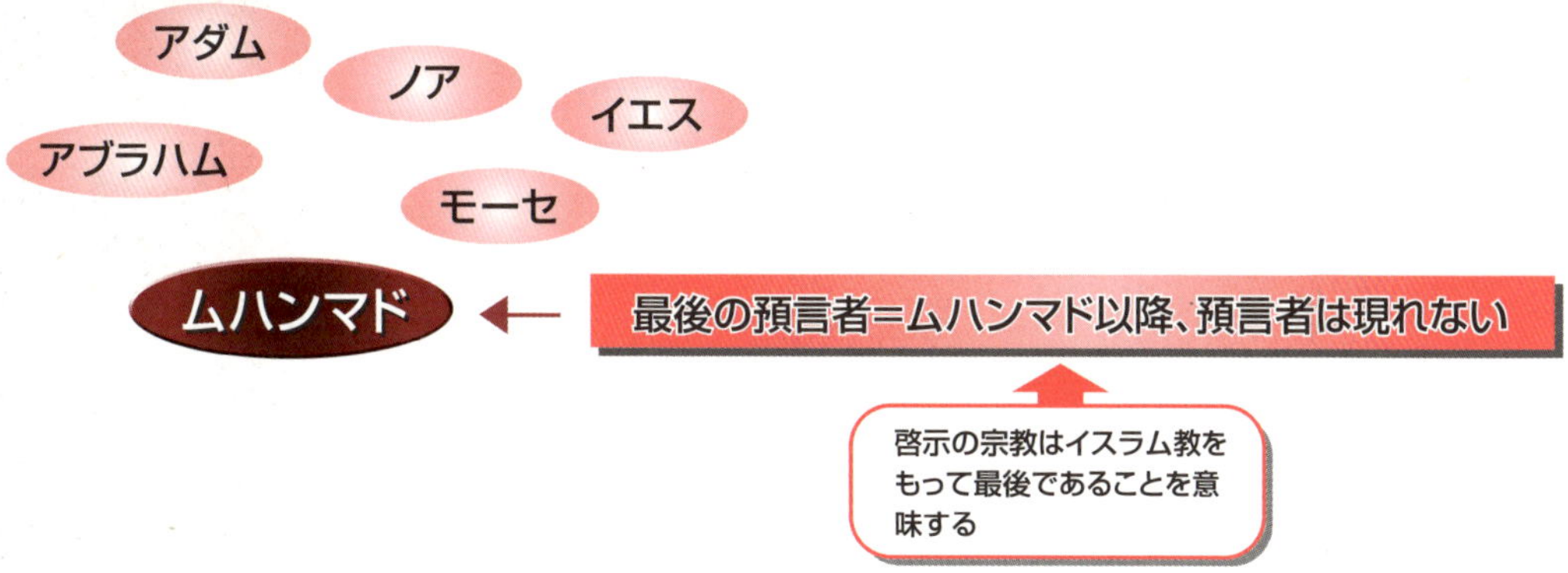
アダム
ノア
イエス
アブラハム
モーセ
ムハンマド
最後の預言者=ムハンマド以降、預言者は現れない
啓示の宗教はイスラム教をもって最後であることを意味する

最後の預言者ムハンマドの生涯

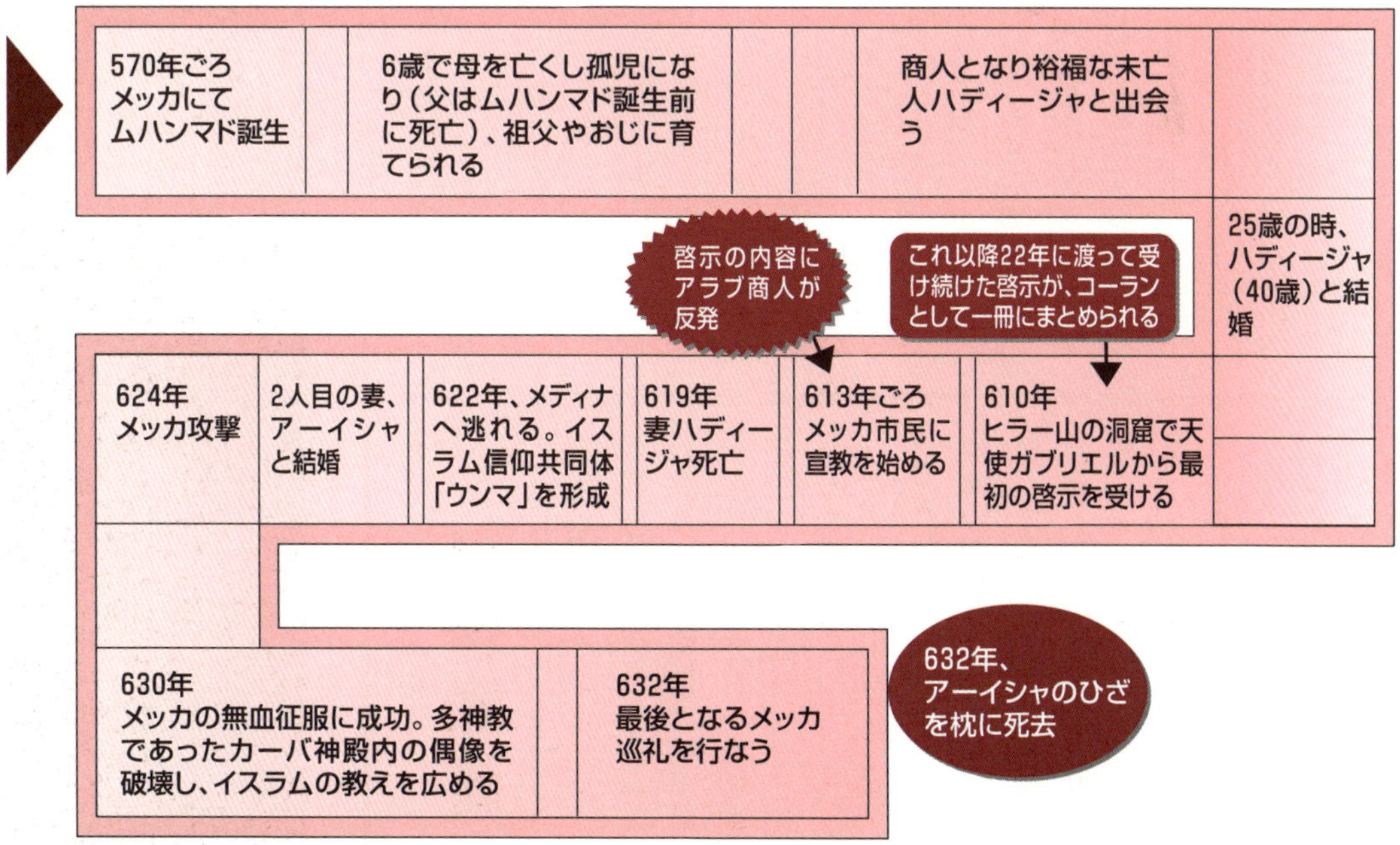
570年ごろ
メッカにて
ムハンマド誕生
6歳で母を亡くし孤児になり（父はムハンマド誕生前に死亡）、祖父やおじに育てられる
商人となり裕福な未亡人ハディージャと出会う
25歳の時、ハディージャ（40歳）と結婚
これ以降22年に渡って受け続けた啓示が、コーランとして一冊にまとめられる
啓示の内容にアラブ商人が反発
610年
ヒラー山の洞窟で天使ガブリエルから最初の啓示を受ける
613年ごろ
メッカ市民に宣教を始める
619年
妻ハディージャ死亡
622年、メディナへ逃れる。イスラム信仰共同体「ウンマ」を形成
2人目の妻、アーイシャと結婚
624年
メッカ攻撃
630年
メッカの無血征服に成功。多神教であったカーバ神殿内の偶像を破壊し、イスラムの教えを広める
632年
最後となるメッカ巡礼を行なう
632年、アーイシャのひざを枕に死去

仏教の教え ブッダが悟った〝苦〟とは

◎万物の存在意義と人が味わう苦悩とその脱出方法

約二千五百年という長きにわたって受け継がれてきた仏教の教え。それは、ブッダが菩提樹の下で瞑想した末に悟ったものだった。ブッダはいったい何を悟ったのだろうか。

人生は苦に満ちあふれている

仏教に神は存在しない。なぜなら、仏教はブッダが悟りを得たことによって誕生した宗教だからだ。つまり、仏教の教えとはブッダの悟りそのものを意味する。では、ブッダは何を悟ったのだろうか。

ブッダの悟りについては十五種類ほどあるといわれているが、なかでも有名なのが四諦八正道《したいはっしょうどう》である。

ひと言でいうと、四つの真理と、それを得るための八つの正しい道となる。

四つの真理とは苦諦《くたい》、集諦《じったい》、滅《めっ》諦《たい》、道諦《どうたい》のこと。人生は本質的に苦であり（苦諦）、その苦は煩悩《ぼんのう》やもろもろの欲望から生じ（集諦）、それら欲望を滅することで悟りが啓かれ（滅諦）、悟りを啓くには正しい実践を行なわなければならない（道諦）という意味である。

そして、その正しい実践が八正道だ。八正道は「正見《しょうけん》」（正しいものの見方）、「正思《しょうし》」（正しい思想）、「正語《しょうご》」（正しい発言）、「正《しょう》業《ぎょう》」（正しい行動）、「正命《しょうみょう》」（正しい生活）、「正精進《しょうしょうじん》」（正しい努力）、「正念《しょうねん》」（正しい理想）、「正定《しょうじょう》」（正しい精神統一）のことを指す。

つまりブッダは、人生とは苦しみの連続で、修行を積み重ねることによってその苦から抜け出すことができると悟ったのである。

四苦八苦の本当の意味とは

人生が苦に満ちているという考えは仏教の根幹をなす教えであり、四苦八苦という言葉でも言い表される。

四苦とは、人生において避けられない生病老死の基本的な苦しみをいい、これに愛別離苦《あいべつりく》、怨憎会《おんぞうえ》苦《く》、求不得苦《ぐふとくく》、五陰盛苦《ごおんじょうく》の四つを合わせて八苦となる。

愛別離苦は愛する人と別れる苦しみ、怨憎会苦は憎む人と会う苦しみ、求不得苦は求めても得ることのできない苦しみ、五陰盛苦は感覚や想念などにとらわれることによる苦しみのことをいう。

三大宗教用語の
基礎知識

【三法印】
仏教の教えの根本となる「諸行無常」「諸法無我」「涅槃寂静」この三つに「一切皆《いっさいかい》苦《く》」を加えて四法印ということもある。

【平家物語】
鎌倉時代に成立した軍記物語。作者不詳。「祇園《ぎおん》精舎《しょうじゃ》の鐘の声　諸行無常の響きあり」という冒頭の句が有名。

世の中に不変なものはない

そもそもブッダが最初に試みたのは、人間のおかれた状況を理解・分析することだった。その結果、得られた答えが三法印というものである。三法印とは、諸行《しょぎょう》無常《むじょう》、諸法無我《しょほうむが》、涅槃寂静《ねはんじゃくじょう》の三つを指す。

『平家物語』の冒頭にも登場する諸行無常とは、世の中のあらゆる物や現象はつねに変化し永久不変なものはないという教えである。

また、諸法無我とは、この世の中のものには単独で存在するものはない、つまり縁によって結びつき、お互いに支えあって生きているということをいう。

そして、涅槃寂静とは、悟りの絶対的な静寂、本能から起こる精神の迷いが消滅した状態を意味している。すなわち、前の二つを理解しておけば穏やかに生きていけるということ。

仏教とほかの教えを区別する、すなわち仏教の旗印といわれているのが、この三法印なのである。

仏教の原点——四苦八苦

仏教の原点 生きている人間の苦しみを見据え、一切はみな苦である

＝人生のありようを真正面から見つめる

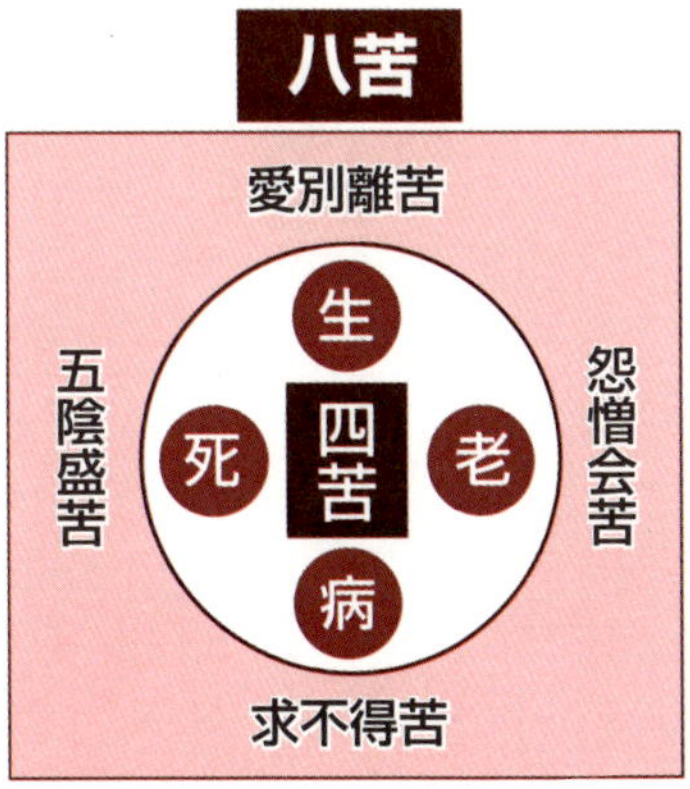

苦悩からの出離——四諦

四諦 ＝仏教の根本教義

迷いと悟りの両方にわたって因と果を明らかにした四つの真理

苦諦… 迷いのこの世はすべて苦である
集諦… 苦の原因は世の無常と人間の執著にある
滅諦… 無常の世を越え、執著を断つことが理想の涅槃の境界である
道諦… 八正道を実践修行しなければならない

①正見（正しく四諦の道理を見ること）
②正思（正しく四諦の道理を考えること）
③正語（正しい言葉を語ること）
④正業（正しい行ないをすること）
⑤正命（正しい生活をすること）
⑥正精進（正しく目的に向かって努力すること）
⑦正念（正見という目的を念じ忘れないこと）
⑧正定（正しく精神を統一し、安定させること）

キリスト教の教え

万人の魂を救おうとする思想

◎死をもって人類の罪を償ったとされるイエスの教えと復活

ユダヤ教を土台として生まれたキリスト教。だが、イエスの説いた神への信仰と神の国の到来は、ユダヤ人社会にとどまるものではなく、すべての人の魂を救おうとする教えだった。

ユダヤ教とキリスト教の関わり

キリスト教を語るうえで欠かせないものにユダヤ教がある。

というのは、イエスはユダヤ人として少年時代からユダヤ教の律法を学び、その教えはユダヤ教を土台としたものだからである。

とはいえ、イエスの教えは既存のユダヤ教の宗派のどれにも属していなかった。

当時のどの宗派ともイエスの教えは異なり、イエスの立場に近いとされるエッセネ派の教えとも異なる。

大きな違いのひとつには、ユダヤ教がユダヤ人と神との間に成立した宗教なのに対し、イエスの教えはユダヤ人だけに向けられたものではないことが挙げられる。

イエスはローマ人でもサマリア人でも、悔い改める者はすべてが来たるべき「神の国」に入ることができ、神の愛によって救われると説いたのである。

イエスはまた、律法の遵守に固執するパリサイ派の主張にも公然と対立した。

福音書にはユダヤ教の安息日に病人を癒すイエスの姿が描かれ、「安息日のために人があるのではなく、人のために安息日があるのだ」と述べて、形骸化《けいがいか》した律法を痛烈に批判している。

イエスの説いた教え

これらイエスの教えがよく表れているのが、「山上の垂訓」といわれる有名な説教である。

このなかでイエスは「心の貧しい人（欲が少ない人）」「悲しむ人」「柔和な人」「義（正しきこと）に飢え乾く人」「憐《あわ》れみ深い人」「心の清い人」「平和を実現する人」「義のために迫害される人」は幸いだと言い、天国は彼らのものだと説く。

さらに「怒るな」「敵を愛し、あなたを迫害する者のために祈れ」「地上に富を積まずに、天に富を積め」「人を裁くな」「求めよ、そうすれば与えられる」と語って、内面での信仰とその実践を教えている。

そのほかイエスは「善きサマリア人」や「放蕩《ほうとう》息子」のように、誰にでも理解できるたとえ話を用いて説教をし、神の国に備えるた

三大宗教用語の 基礎知識

【エッセネ派】ユダヤ教の宗派。禁欲主義的で荒野に住み、財産も共有していた。

【山上の垂訓】『新約聖書』マタイ伝五章から七章。ガリラヤ湖を望む丘の上でイエスが群衆に説いた有名な教え。

めに篤《あつ》い信仰を持ち、悔い改めるようにと訴えた。

キリストとしてのイエスの復活

イエスの死後、十字架でのイエスの死は人類の罪の償いであるとされ、神はそのひとり子イエス・キリストを犠牲にしても人類の罪を許そうとしたのだと考えられた。

そのため、イエス・キリストを信じる人々は神によって救われるのだとされる。

また、十字架に架けられて死んだイエスが三日目に墓から甦《よみがえ》り、「神の子」として「復活」。「聖霊」になったと信じられ、最後の審判の前にはキリストが地上に「再臨」するという信仰も生まれる。

キリスト教には多くの宗派があるが、父なる神とその子キリスト、そして聖霊の三つは三位一体《さんみいったい》だとする考えが主流となっている。

キリスト教の基本信条と根本的倫理観

使徒信条
（キリスト教徒が信じるもの）

父なる神
主イエス・キリスト
聖霊
聖なる普遍の教会
聖徒の交わり
罪の赦し
体の復活
永遠の生命

山上の垂訓(根本的倫理観)

心の貧しい人々は幸いである	⇒天国はその人たちのもの
悲しむ人々は幸いである	⇒慰められる
柔和な人々は幸いである	⇒地を受け継ぐ
義に飢え渇く人々は幸いである	⇒満たされる
憐れみ深い人々は幸いである	⇒憐れみを受ける
心の清い人々は幸いである	⇒神を見る
平和を実現する人々は幸いである	⇒神の子と呼ばれる
義のために迫害される人々は幸いである	⇒天国はその人たちのもの

参考資料：『この一冊で「宗教」がわかる！』三笠書房

イエスによる教え

イエスの宣教＝「神の国」の教え

物質的・精神的平等を目指すもの

開かれた共食

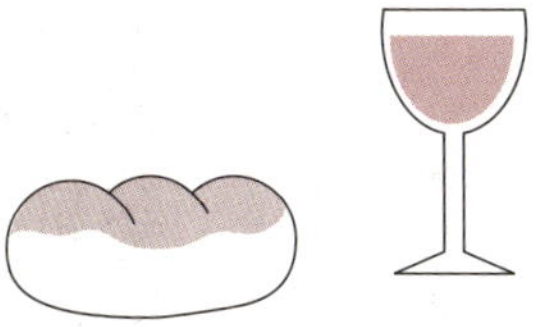

身分や経済的な差別のない共同の食事

癒　し

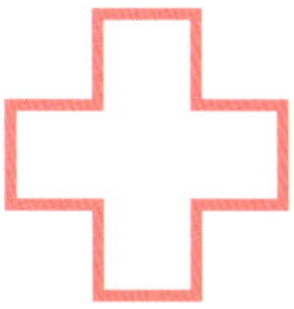

病気＝「宗教的な汚れ」という古代社会の偏見を取り除く

参考資料：『図解雑学　キリスト教』ナツメ社

イスラム教の教え

絶対神アッラーの意思に従う精神

◎コーランとシャリーアで教えを実践するイスラムの精神

唯一絶対の神アッラー。神の偶像と聖職者を否定するムスリムは、信仰だけでなく生活のすべてを神の意思に従う。最後の預言者によって伝えられた神の教えとは。そして、その行ないとは。

唯一の神アッラーへの帰依

イスラムという言葉はアラビア語で「帰依《きえ》」を意味する。その崇拝の対象は全知全能の神アッラーだ。そして、それを信ずる者たちを「ムスリム」（帰依する者）と呼んでいる。

アッラーは唯一にして全知全能の神である。教義では天地創造以前より存在していたとされ、イスラム勃興前のメッカでもすでに複数の神々の中の至上神として信仰されていた。

開祖ムハンマドはよく「最後の預言者《よげんしゃ》」といわれるが、それは彼の後に神の預言を伝える人物は現れないという意味である。

では、それ以前はどうかといえば、ユダヤ教にはモーゼが、キリスト教にはイエスがいた。イスラムでそれに当たるのがムハンマドというわけで、極論をいえば、イスラム教とは、ユダヤ・キリスト教の流れを受けた「セム系一神教」のひとつである。

それぞれ神の呼び名は違うけれども、じつは同一になる。

そこでムハンマドが「最後の」預言者となって数々の啓示を伝えた。つまり神の教えは実質イスラムを最後に「封印」され、最終的にはイスラムの教えが正しいとされているのである。

偶像崇拝の禁止と聖職者の不在

イスラムは他の宗教とは異質だとしばしば表現されるが、よく知られるものとして「偶像崇拝の禁止」と僧侶や神官といった「聖職者の不在」が挙げられる。

たとえば同じセム系のキリスト教は、信仰していくうえで神を偶像化したり、イエスを神の子として崇《あが》めたりした。

しかし、イスラム教では神を像や絵画に表すことは断じて許されないし、また神と人間の間に介在する者はけっして存在しない。

人間はアッラーに対して直接祈りを捧《ささ》げ、崇拝し、服従する。これがイスラムの理念である。

この世は唯一の神アッラーと、それ以外の被造物で成り立つ。起こる現象はすべて神の意思であり、この世の総決算（最後の審判）

三大宗教用語の
基礎知識

【セム系一神教】
セムとは、アラブ一帯に存在したセム語圏の民族を指している。

【偶像崇拝の禁止】
先ごろ、デンマークの新聞社がムハンマドの風刺画を掲載したとして、各国ムスリムが猛反発して問題になったのは記憶に新しい。神はもちろん、預言者の顔を描くこともイスラム教では偶像崇拝につながるとして禁じられている。

の主宰者もまた神である。

　そして信仰者にはよい報いが、悪人（アッラーを否定するもの）には裁きが下る。こうした考え方は、東洋宗教にある因果応報《いんがおうほう》の考え方と少し異なる。そこにはまだ悪人にも救いの可能性が存続している。

ムスリムの規範書『シャリーア』

　三大宗教のなかで、これまでもっとも誤解されてきたのがイスラム教といえるかもしれない。

　他の宗教は主にそれぞれの神を信じることで信者の証《あか》しになり得るが、イスラムは信仰心だけでなく、生活や振る舞いなど、人間行動のすべてにおいてムスリムとしての規範を問われる。それは、キリスト教や仏教における「出家」とも完全に意味合いが違う。

　啓典としているのは、預言者ムハンマドによって伝えられた啓示集『コーラン』で、教えはじつにさまざまだが、基本的にムスリム

規範書シャリーアの構成

シャリーア
水場に至る道

- イバーダート　浄め、礼拝、葬儀などに関する儀礼的規範
- ムアーマラート　婚姻、離婚、相続などの法的規範

＝

人の行なうべき規範

シャリーアの内容と現代における効力

	効力
① 信仰行為 ―― 六信五行	◎
② 道徳規範 ―― 衣、住、寝、美、徳、隣人づきあい、作法など	◎
③ 私的関係法 ― 結婚など私的な身分の契約についての義務と権利	○
④ 社会関係法 ― 商行為、債権・責務、事業に関する契約について	△
⑤ 刑法 ―― 主に身体刑	△（一部の国のみ施行）
⑥ 国家構成法 ― 憲法的規定、税制、訴訟など	×
⑦ 国際法 ―― ジハード、条約、捕虜など	×

◎＝大いにあり
○＝効力あり
△＝一部効力あり
×＝効力なし

参考資料：『イスラーム世界事典』明石書店

は『シャリーア』（イスラム法）に則《のっと》って、日々生活している。

シャリーアという言葉には「水場に至る道」という意味があり、水は砂漠における生命の源であることから「生命に至る道」などと訳される。

つまり、法といっても近代的な法律ではなく、道徳規範書のようなもので、もちろん定めたのは絶対神アッラーだ。その内容は大きく「イバーダート」と「ムアーマラート」に分けられる。

前者は信者が神に対して直接行なう儀礼規範、後者は信者間の法的規範で、ムスリムはこの両方を実践することで神の僕《しもべ》になることができるのである。

イバーダートの六信五行

他の宗教同様、イスラムにはスンニ派、シーア派といった諸分派が存在しているため、コーランやシャリーアの解釈は宗派によって相違がみられるが、イバーダートに関しては主に「六信五行《ろくしんごぎょう》」が重んじられている。

「六信」とは、神・天使・啓典・預言者・来世・天命の六つを信じることで、「五行」とは信仰告白、礼拝、断食、喜捨《きしゃ》、巡礼という五つの義務行為である。

信仰告白というのは、その名のとおり、イスラムの根本である「神は唯一にして、ムハンマドはその使徒である」と告白することである。これは入信時はもちろん、礼拝の際に繰り返し唱えられる決まり文句のようなものだ。

礼拝は一日五回、聖地メッカの方角に向かって行なう。自宅や外出先での礼拝も認められているが、通常はモスクにて行なう。モスクの内部には祭壇や像の類《たぐい》は存在しない代わりに、ミフラーブというメッカの方角を指し示す窪《くぼ》み部分が必ずある。

断食はラマダーン（九番目の月）の月に行なわれ、病人や子供などをのぞき、日の出から日没まで、いっさいの飲食を断つ。

喜捨とは、言い換えれば寄付のことで、自分の財を貧しき者や新たに信者となる者に分け与えることを指す。

そして巡礼はメッカへの巡礼を意味し、少なくとも生涯に一度、メッカのカーバ神殿へ巡礼せよというものである。

法的意味合いを含むムアーマラート

一方、ムアーマラートはより法的ニュアンスが強く、信者同士の行ないとして婚姻、離婚、不貞、姦通《かんつう》、殺人、証言、遺産相続などの規定や罰則がもうけられている。

よく知られるイスラムの飲食タブーもここに含まれており、ムスリムは酒、豚肉、死肉を口にすることを禁じている。

なかには報復行為や戦闘行為を容認するかのような、その解釈次第では信者間でも誤解が生じるような教えも含まれる。

したがって、いわゆる「古典イスラム法」は、五行以外は改正がなされており、そのまま実践されているものはけっして多くはないというのが現状だ。

三大宗教用語の基礎知識

【シャリーア】
ムハンマドの預言集『コーラン』や言行録『スンナ』などを源とし、イスラム法学者が導き出したのがイスラム法である。年代により改正も多く、古いものはとくに「古典」と名がつくこともある。

【六信五行】
現在はこの言い方でまとめられているが、その根源はコーランにもきちんと含まれているとされる。

メッカへの主要な街道

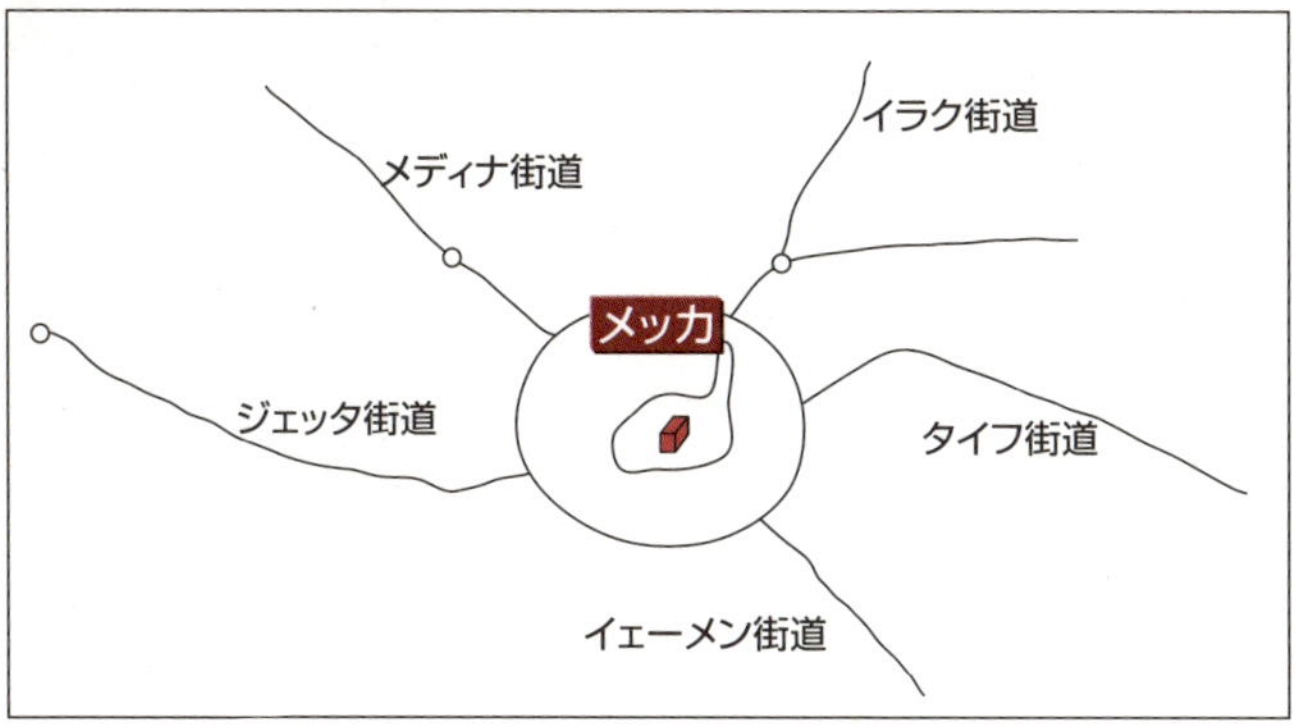
イラク街道
メディナ街道
メッカ
ジェッタ街道
タイフ街道
イェーメン街道

参考資料：『イスラーム教を知る事典』東京堂出版

メッカ巡礼の行程

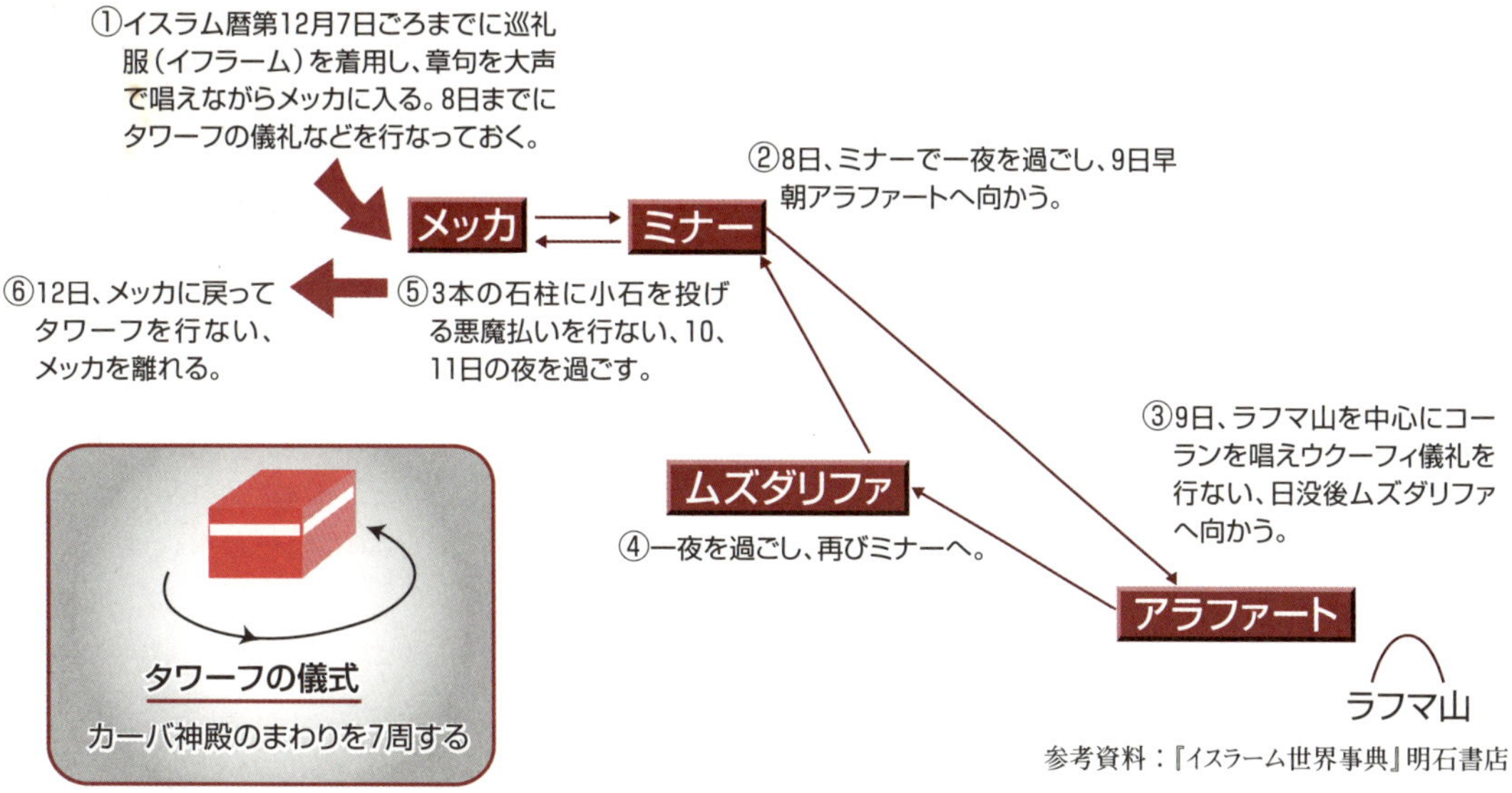
①イスラム暦第12月7日ごろまでに巡礼服（イフラーム）を着用し、章句を大声で唱えながらメッカに入る。8日までにタワーフの儀礼などを行なっておく。
メッカ
ミナー
②8日、ミナーで一夜を過ごし、9日早朝アラファートへ向かう。
⑥12日、メッカに戻ってタワーフを行ない、メッカを離れる。
⑤3本の石柱に小石を投げる悪魔払いを行ない、10、11日の夜を過ごす。
③9日、ラフマ山を中心にコーランを唱えウクーフィ儀礼を行ない、日没後ムズダリファへ向かう。
ムズダリファ
④一夜を過ごし、再びミナーへ。
アラファート
ラフマ山
タワーフの儀式
カーバ神殿のまわりを7周する

参考資料：『イスラーム世界事典』明石書店

礼拝の時を告げるアザーンの内容

「アッラーは偉大なり」（4回唱える）
「アッラー以外に神は無いことを証言する」（2回唱える）
「ムハンマドはアッラーの使徒であることを証言する」（2回唱える）
「礼拝のために来たれ」（2回唱える）
「成功のために来たれ」（2回唱える）
「礼拝は睡眠に勝る」（2回唱える/早朝のみ）
「アッラーは偉大なり」（2回唱える）
「アッラー以外に神はなし」（1回唱える）

仏教の広がり

二派に分かれて北へ南へ

◎大乗仏教、上座仏教の異なる思想

インドで広まった仏教は、ブッダ入滅後、大きく二派に分かれ、さらに北へ南へと伝播していく。そして東アジア、東南アジアを中心に、約三億人の信者を抱える宗教へと成長していく。

四十五年にわたる伝道活動

ブッダが悟りを啓《ひら》いたのは、インドのガヤー町の郊外ブッダガヤという丘の菩提樹《ぼだいじゅ》の下だった。ブッダは二十一日間座禅を続けたあと、伝道の旅に出る。はじめての説法は、ベナレス郊外のミガダーヤ（鹿野苑《ろくやおん》）という地で、五人の修行者に対して行なわれたという。

その後、各地を転々としながら修行者や在家信者を増やしていったブッダは、当時のマガダ国の首都郊外に寄進された竹林精舎《ちくりんしょうじゃ》を拠点として布教活動を行なう。さらに、マガダ国と同等の強国コーサラ国でも祇園《ぎおん》精舎を寄進され、この国でも精力的に伝道活動を行なった。

しかし八十歳の時、ブッダは旅の途中で病に倒れてしまう。そこはクシナーラーというところで、ブッダは沙羅双樹《さらそうじゅ》の間に寝台を作らせると頭を北に、右脇を下に、右腕を枕《まくら》にして両足を重ねて横たわった。この姿は、俗に寝釈迦仏と呼ばれる。そして、多くの人々に見守られるなか、静かに息を引き取ったのである。

最初は人々に説法するかどうか迷ったというブッダ。しかし、最後は教えるべきことはすべて教えたと満足げに語って、四十五年にわたる伝道の旅に終わりを告げたのだった。

ブッダの十大弟子と五百人の弟子

ブッダには五百人の弟子がいたといわれ、彼らは五百羅漢《ごひゃくらかん》と呼ばれた。彼らもまた、のちに信仰の対象となり、五百羅漢像が彫られたり、その像を安置する五百羅漢寺が建てられるようになる。そうした弟子たちのなかでも、とくに有能な十人を十大弟子という。

そのうち、ブッダの一番弟子といわれるのがシャーリプトラだ。彼は智慧《ちえ》の体現者として崇敬され、ブッダの後継者として有力視されていた。しかしブッダよりも数カ月ほど前に亡くなってしまう。

ブッダ亡きあと、仏教教団の実質的指導者となったのがマハーカッサパ（大迦葉）である。彼は苦行と清貧、品行方正とで知られ、第一回聖典編纂《へんさん》会議を招集したとされている。また、ブッダが最後

三大宗教用語の基礎知識

【祇園精舎】
正式名称を祇樹給孤独園《ぎじゅぎっこどくおん》精舎という。

【寝釈迦仏】
正式には頭北面西右脇臥という。

【十大弟子】
シャーリプトラ、マウドガリヤーヤナ、マハーカッサパ、スプーティ、プルーナ・マイトラーヤニープトラ、カーティヤーヤナ、アヌルッダ、ウパーリ、ラーフラ、アーナンダ。

まで連れていたのがアーナンダで、ブッダの教えをもっとも多く聞いた弟子といわれている。そしてブッダの一人息子ラーフラも、細かい戒律を守った人物として十大弟子の一人にあげられている。

　一方、在家信者のなかで有名なのが、コーサラ国の長者スッダだ。彼はなんとかブッダに布教活動を行なってもらうために祇園精舎を建てた人物である。

　ブッダはつねづね、弟子たちに遊行して説法することを勧めていた。その教えどおり、弟子たちは方々にちらばって伝道活動を行ない、結果、わずか四十五年の間に各地で数々の弟子や信者が誕生していったのである。

大乗仏教と小乗仏教に分裂

　さて、ブッダが亡くなったあと、仏教はどのように伝播《でんぱ》していったのだろうか。ブッダの死後すぐに、ブッダの教えを正しく伝えていかなければならないとして弟子たちが集結してブッダの教説を確認し

仏教の伝播ルート

紀元前5世紀〜紀元前1世紀　　5・6世紀　　11〜15世紀

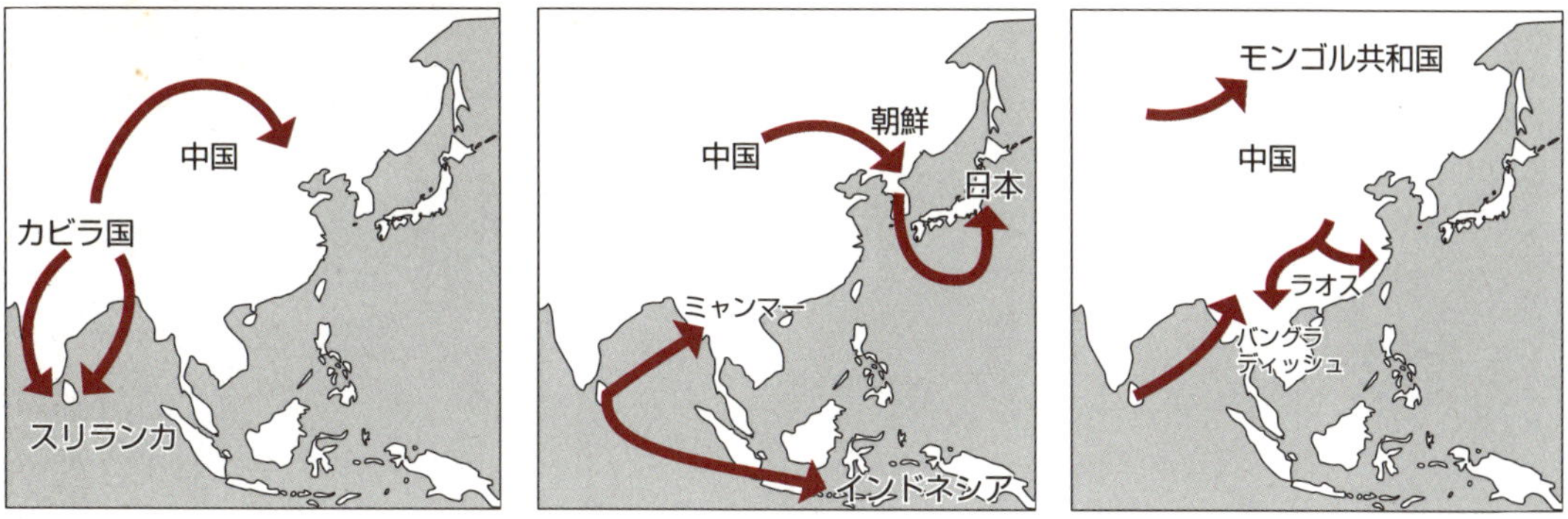
中国
カビラ国
スリランカ
中国
朝鮮
日本
ミャンマー
インドネシア
モンゴル共和国
中国
ラオス
バングラディッシュ

インド〜中国〜朝鮮〜日本への渡来年表

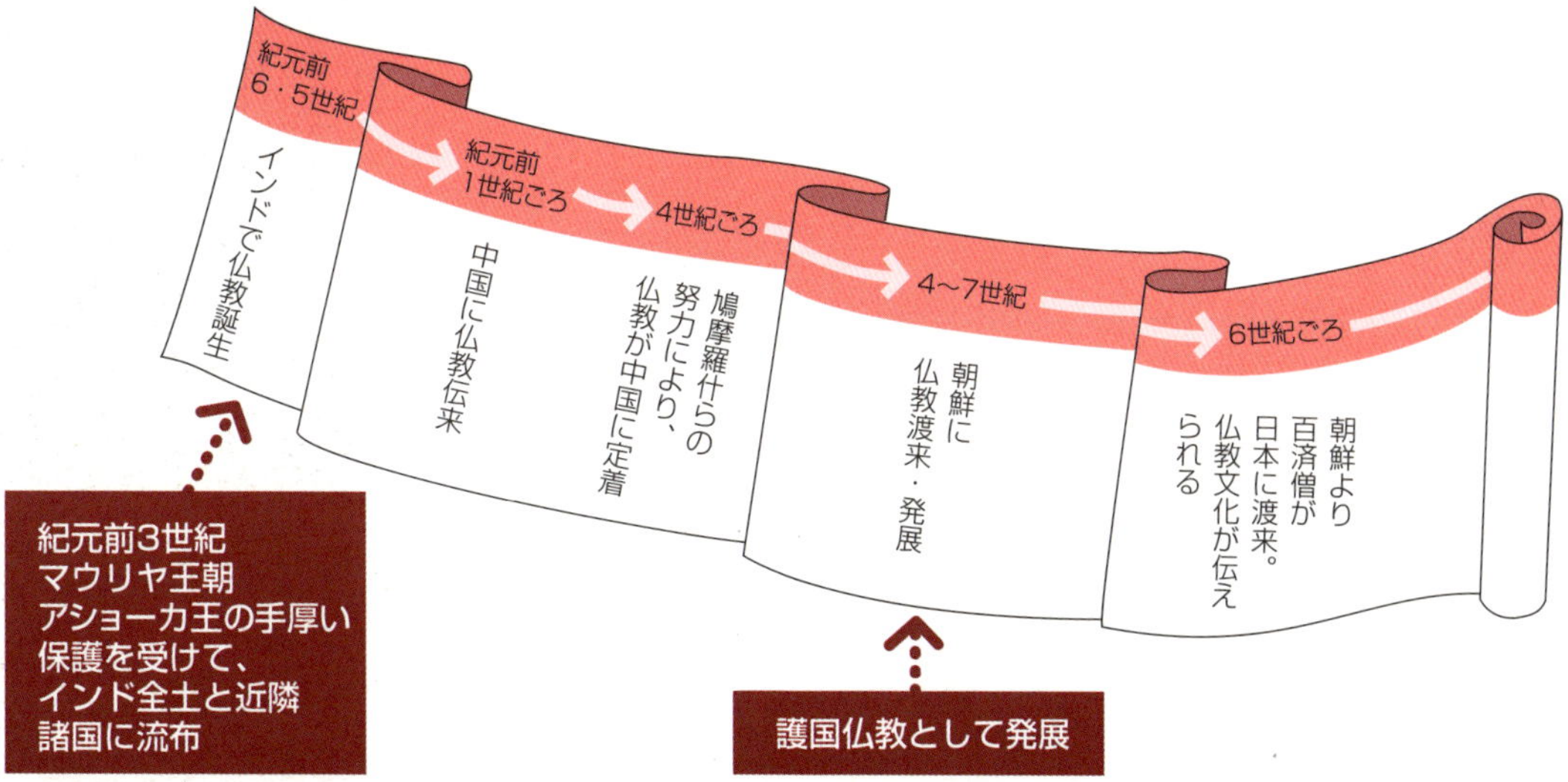
紀元前6・5世紀
インドで仏教誕生
紀元前1世紀ごろ
中国に仏教伝来
4世紀ごろ
鳩摩羅什らの努力により、仏教が中国に定着
4〜7世紀
朝鮮に仏教渡来・発展
6世紀ごろ
朝鮮より百済僧が日本に渡来。仏教文化が伝えられる
紀元前3世紀
マウリヤ王朝
アショーカ王の手厚い保護を受けて、インド全土と近隣諸国に流布
護国仏教として発展

あった。これが第一回聖典編纂会議（第一回結集）である。

それからおよそ百〜二百年後、二回目の会議が開かれるが、戒律の解釈を巡って論争が起こる。これを機に、大衆部と長老中心の上座部とに分裂。さらに大衆部、上座部あわせて二十ほどの部派へと分裂するのだった。こうしてできあがった部派全体を部派仏教と呼ぶ。

その後、紀元前後になると厳しい修行に耐えたものだけが救われるという考えの部派仏教に対し、この世のすべてのものを救済することを理想とした大乗《だいじょう》仏教が誕生する。大乗仏教は、一部の宗教エリートしか救わない部派仏教のことを小乗《しょうじょう》仏教と呼んだ。

そして大乗仏教は北方面へ広まり、北伝《ほくでん》仏教とも呼ばれるようになった。部派仏教は南方面へと伝播、上座仏教、南伝《なんでん》仏教とも呼ばれるようになるのだった。

東アジアへ広まった大乗仏教

大乗仏教がインドから向かった先はチベット、中国、朝鮮半島、そして日本だった。

伝播していく過程で、大乗仏教にはさまざまな思想が誕生する。たとえば、浄土思想は阿弥陀仏《あみだぶつ》を唱えていれば極楽浄土に行けるという教えで、法華《ほけ》思想は生き物すべては等しく成仏できるという考えである。

二〜三世紀になると、いくつかの思想を学んだナーガールジュナ（龍樹）が登場、「空《くう》」の思想に到達し『中論』を著した。

また、大乗仏教の経典は約千年にわたって編纂されたといわれ、もっとも古いのが『般若《はんにゃ》経』である。その後、『金剛般若経』『般若心経』『理趣経』などが作られ、これらは『大般若経』六百巻にまとめられている。

このようにブッダの教えが多様に展開されたのが大乗仏教の経典である。

ほかにも、チベット仏教という独自の仏教を生み出したことも、大乗仏教の特筆すべきことだ。チベット仏教はラマ教とも呼ばれ、グルと呼ばれる師から弟子へと教えが継承されるのが特徴である。

その宗派はいくつかあり、ダライ・ラマ率いるゲルク派はよく知られているだろう。

現在も東南アジアに受け継がれる上座仏教

一方、南部ルートで広まった上座仏教は、インドからスリランカを経て東南アジア各国へと伝えられた。現在、この上座仏教の流れをくむ仏教が根づいているのはスリランカ、タイ、ミャンマー、ラオス、カンボジアなどだ。

とくにタイは熱心な上座仏教国として知られ、男子は二十歳になると出家する慣行が残っている。

このように北へ南へと広がっていった仏教は、やがて三億人の信者を抱える宗教へと成長する。しかし、発祥の地インドではヒンズー教の勢力拡大、イスラム教徒の侵入などによって、衰退を余儀なくされてしまうのだった。

三大宗教用語の基礎知識

【小乗仏教】
小さな乗り物という意味で、自らの解脱のみを願う独善的な仏教という批判の意味が込められている。

【ダライ・ラマ】
ダライ・ラマとはモンゴルの称号で「大海」を意味し、観世音菩薩の生まれ変わりと考えられている。ダライ・ラマは十四世で、一九八九年にノーベル平和賞を受賞。

仏典の結集

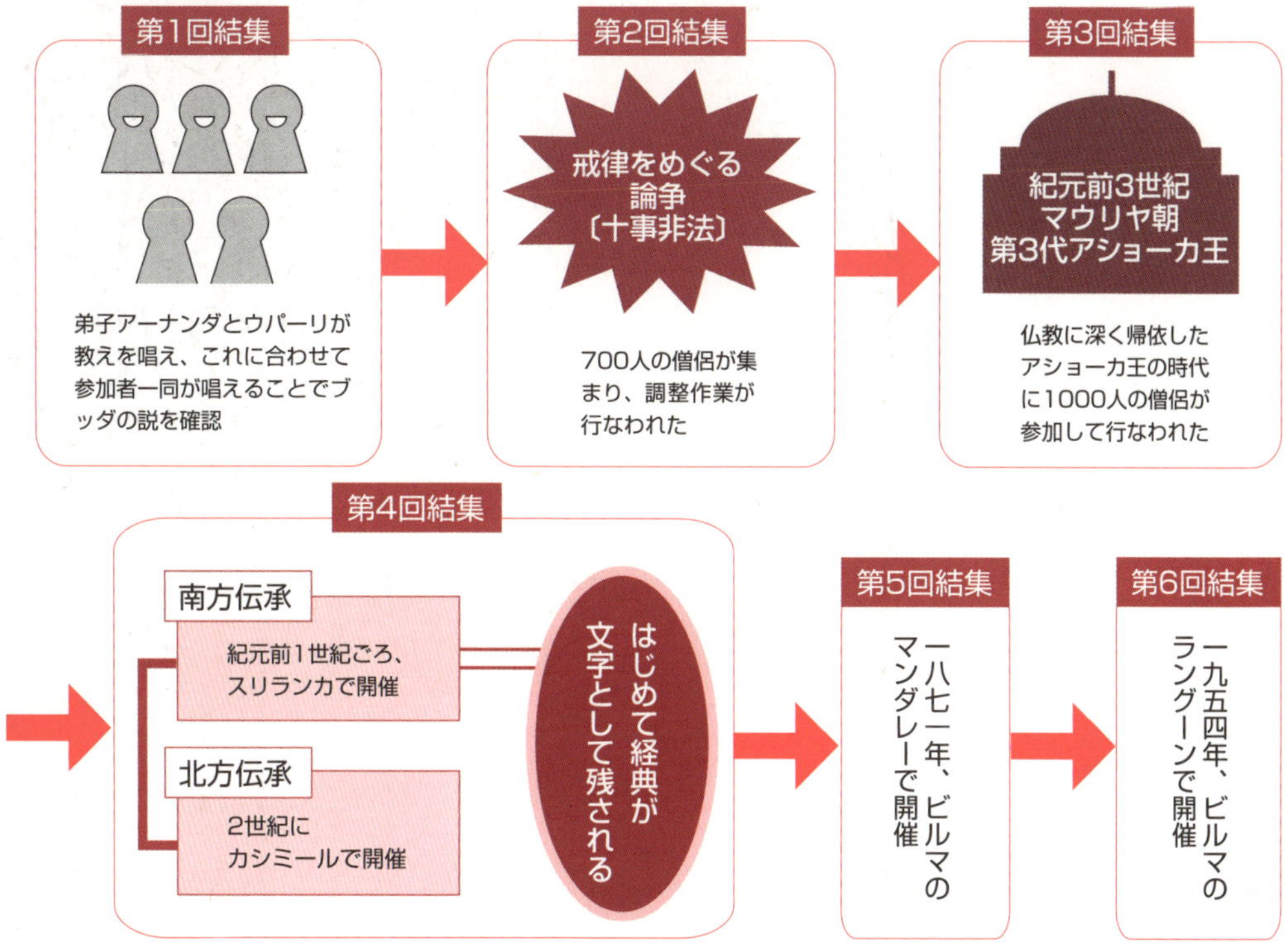
第1回結集
弟子アーナンダとウパーリが教えを唱え、これに合わせて参加者一同が唱えることでブッダの説を確認
第2回結集
戒律をめぐる論争〔十事非法〕
700人の僧侶が集まり、調整作業が行なわれた
第3回結集
紀元前3世紀 マウリヤ朝 第3代アショーカ王
仏教に深く帰依したアショーカ王の時代に1000人の僧侶が参加して行なわれた
第4回結集
南方伝承
紀元前1世紀ごろ、スリランカで開催
北方伝承
2世紀にカシミールで開催
はじめて経典が文字として残される
第5回結集
一八七一年、ビルマのマンダレーで開催
第6回結集
一九五四年、ビルマのラングーンで開催

参考文献：『図解雑学　宗教』ナツメ社

現在の生活に根づいた仏教語

【愛敬《あいきょう》】	仏や菩薩の顔が柔和で優しく、慈愛にあふれていることに由来
【一生《いっしょう》】	何度も生まれ変わる「多生」に対して、現世における生〜死にいたる肉体と精神の営み
【引導《いんどう》】	迷い苦しむ、生きとし生けるものを仏の道に導き、救い、成仏させること
【会釈《えしゃく》】	真実の仏教の内容を明らかにすること
【往生《おうじょう》】	西方極楽浄土に生まれること
【工夫《くふう》】	仏道修行に専念すること
【講堂《こうどう》】	経典を講義し、仏法の内容を説くために使われた寺院の堂舎
【根気《こんき》】	仏の教えを受け入れる人間の能力、性質、心の働き
【三昧《ざんまい》】	梵語サマーディを音写したことば。一心不乱に仏道に専念すること
【実際《じっさい》】	真実の教えがめざす究極的な目標のこと。真実、悟りの意
【邪魔《じゃま》】	仏教に敵対し、邪悪をそそのかす悪魔のこと
【食堂《しょくどう》】	正しくは「じきどう」。寺院で修行する僧侶が一堂に集まって食事をする堂のこと
【無学《むがく》】	すでに学ぶことがないほど仏教を習い尽くしていること
【迷惑《めいわく》】	仏の教えに迷い、他の間違った考えに惑わされること

キリスト教の広がり
イエスの受難と迫害の壁を越えて

◎世界最大の宗教キリスト教はどのようにして広まったのか

たび重なる迫害のなかでイエスの弟子たちは各地で宣教を行なった。その教えはやがてローマ帝国からヨーロッパ各地へ、そして世界各地へと広まって信仰されるようになっていく。

ペテロ、パウロによる伝道

キリスト教はイエスの死後、その弟子たちの宣教により、急速に各地に広まっていく。

なかでも大きな役割を果たしたのが十二使徒のリーダー的存在だったペテロと、イエスの死後に信者となったパウロだ。

ペテロはかつてイエスの受難を見て逃走するなど、頼りない姿を見せていたが、イエスの死後には熱心な布教に乗り出し、キリストの福音を伝えて、初期キリスト教会の確立に努めた。

また、ペテロが主にユダヤ人に伝道していた一方、異邦人に対して精力的な布教活動を行なったのがパウロである。

キリスト教がやがて世界的な宗教へと成長していったのも彼の功績が大きい。

『新約聖書』のなかにも「ローマの信徒への手紙」「コリントの信徒への手紙」「ガラテアの信徒への手紙」など、パウロが各地の信徒へ宛《あ》てた書簡は数多い。

彼は異邦人も含むすべての人が信仰によって救済されるようにと、生涯で三度の伝道旅行を行なっている。

その範囲は小アジアからギリシャ、イタリアにまで及び、布教活動はローマで殉教《じゅんきょう》するまで続いたとされる。

ローマ皇帝による迫害

しかし、こうしたキリスト教の伝播《でんぱ》と発展には、受難もつきまとっている。

キリスト教はユダヤ教の反発を招き、またローマ帝国においても皇帝崇拝を拒否したりするため、社会的秩序を乱す存在として危険視されていったのだ。

そのため、ローマ皇帝ネロはキリスト教の大迫害を行ない、ペテロもパウロもこれにより殉教したとされる。

ローマの大火の罪はキリスト教徒になすりつけられ、キリスト教徒は生きたまま獣に食べさせられるなどして処刑された。

その後も歴代のローマ皇帝はキリスト教をたびたび迫害し、コンスタンティヌス帝が三一三年にミラノ勅令《ちょくれい》でキリスト教を公認するまで迫害は続く。

三大宗教用語の基礎知識

【パウロ】
もとはパリサイ派に属し、キリスト教徒を弾圧。復活したイエスに遭遇し回心したとされる。

【アタナシウス派】
三位一体説を奉じ、キリストの神性を強く認める一派。

【アリウス派】
アリウス派はイエスの人間性を強く認める一派で、三位一体説と対立。またネストリウス派はイエスの神性と人間性を分離した。

キリスト教の国教化と拡大

だが、殉教者が相次ぐなか、教会は逆に団結を強め、キリスト教徒はますます増えていった。

ミラノ勅令後はニケーア公会議でアタナシウス派が正統とされ、三八〇年にはテオドシウス帝がキリスト教を国教化。ヨーロッパにキリスト教の時代が到来する。

一方、同会議で異端として追放されたアリウス派はローマ領域外のゲルマン人らに伝道された。また、四三一年のエフェソス公会議で異端とされたネストリウス派はササン朝ペルシャを経て、唐《とう》代の中国に伝わって「景教」と呼ばれるようになる。

宗教改革以後は、イギリスからピューリタンが北アメリカに渡るなどして、キリスト教はさらに広まっていき、大航海時代にはカトリックの宣教師がアジアやアフリカ、中央アメリカで積極的に改宗を促し、ヨーロッパ以外でもキリスト教圏を拡大していった。

宣教活動を支えた十二使徒

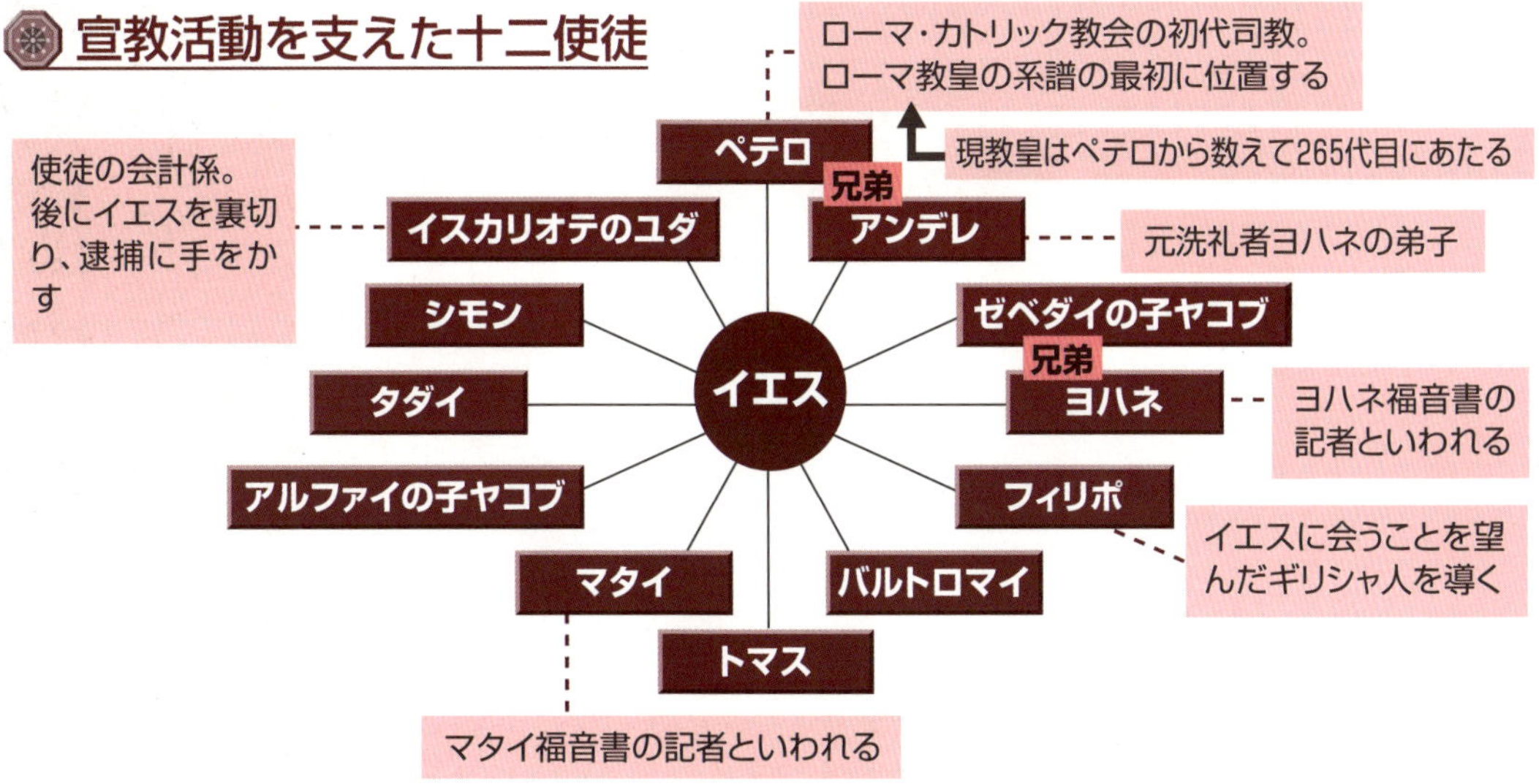

ペテロの伝道活動の地

イスラム教の広がり

イスラム帝国として拡大する勢力

◎預言者が残したウンマに始まったイスラム世界の大展開

七世紀に始まったイスラム教は、急速に勢力を拡大し、イスラム大帝国として世界に名を知らしめた。現在、十二億人ともいわれる信者を獲得した歴史にはどのような背景があったのか。

アラビア半島を制した正統カリフ時代

いかなる宗教も国や政治と無縁ではないが、イスラムもまた国家との関わりは濃密である。

イスラム教はイスラム共同体（ウンマ）とカリフ（預言者《よげんしゃ》の後継者）によって発展したが、まず、ムハンマド亡きあとに初代カリフとなったのは彼の片腕だったアブー・バクルである。

預言者の死でいくつかの部族の離反もあったが、アブーはムハンマドの残したウンマを味方につけ勢力拡大に努めた。信仰と生活が一体化しているイスラムにとって、布教は民族や地域の統一（制圧）を意味する。つまりイスラム帝国の誕生である。

やがてアブーはアラビア半島の統一に成功するもまもなく病没。その後のカリフはウマル、ウスマーン、アリーという三人に順次継承され、総じてこの時代は「正統カリフ時代」と呼ばれる。

また、ムスリムの経典である『コーラン』の編纂《へんさん》が完了したのもこのころだ。

世界進出に成功したイスラム王朝

六六一年、アリーが暗殺されると、正統カリフ時代は終わり、イスラムはシリアの総督ウマイヤ家によって統制されていく。

ウマイヤ朝は七五〇年まで約百年続き、第五代～十四代までのカリフを務めた。その間にウンマは、西は北アフリカの大西洋岸側までとイベリア半島、東はインダス川、北はトルキスタンまで拡大する。

しかし、このウマイヤ朝はトゥール・ポワチエの戦いでフランク王国に破れるとついに失脚。次なるアッバース朝に引き継がれた。

創建者はムハンマドの伯父の子孫で、七五〇年から約五百年の間に三十七代のカリフを輩出した。

アッバース朝は強大な中央集権国家を築くことに成功。第五代アッラシードの治世で最盛期を迎えた。この時イスラム帝国の首都はバグダッド、勢力は北アフリカ一帯からインド北部にまで達していた。

三大宗教用語の 基礎知識

【ウンマ】
アラビア語で共同体を意味する、イスラムにおける宗教共同体。イスラムの考え方では、世界はひとつのウンマで形成されている。

【オスマン帝国】
トルコ系ムスリムたちが築いた帝国。ここでの統治者にはイスラムの世俗社会における支配者として、「スルタン」なる称号が与えられていた。

いまや十二億人以上にのぼるイスラム教徒

しかし、このころからカリフの権威は失墜する。帝国の実権はより強い軍事力を持つ者が握るようになったからだ。

それにより、各方面では個別の王朝が誕生するなどして、イスラム帝国は分裂した。そして十三世紀からのイスラム勢力は、アジア、アフリカ、ヨーロッパにかけて拡大したオスマン帝国へと受け継がれる。

またアッバース朝成立によって分裂した後ウマイヤ朝もスペインで発展し、衰退後もヨーロッパにはイスラム色が残された。

現在、ムスリムは世界に十二億五千万人ともいわれ、中東からアフリカ北部、西はインドネシアまでと広範にわたる。

ムハンマドの厳格な教えと彼が残したウンマは、形を変えながら現代に至るまで、さまざまな広がりを見せている。

イスラム教の基点メッカと広がり

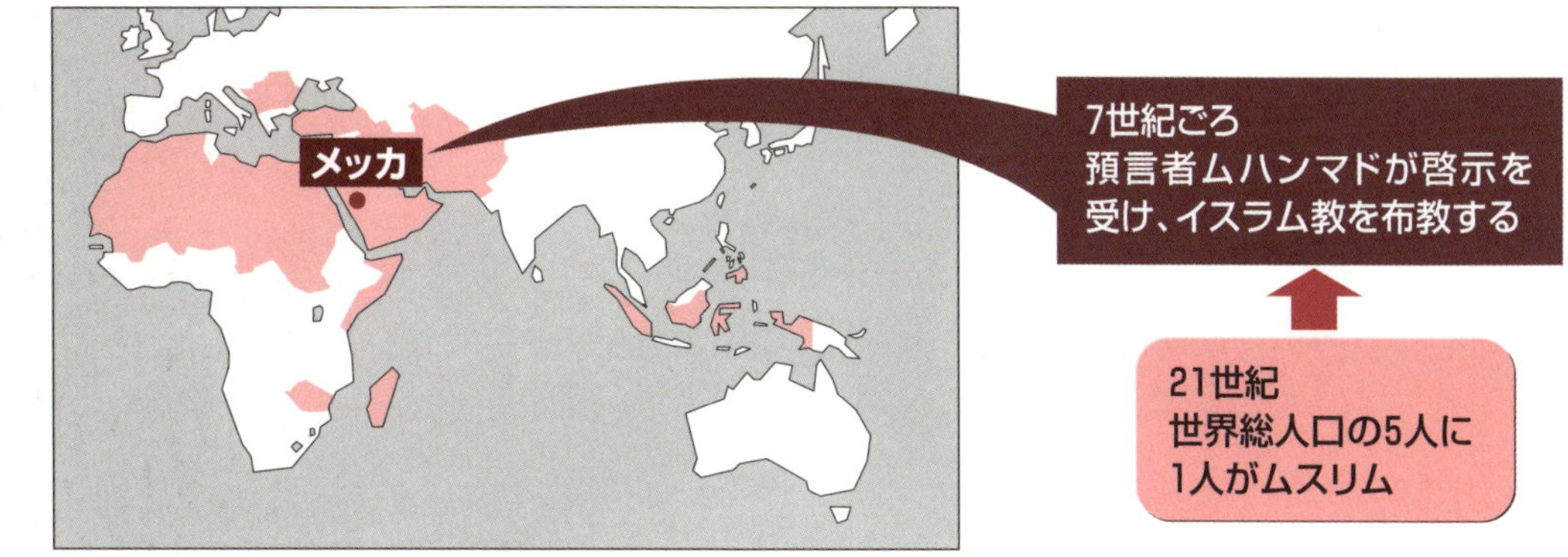

参考資料：『イスラム教入門』岩波新書

イスラム教の伝播（各都市でのモスク建設時期）

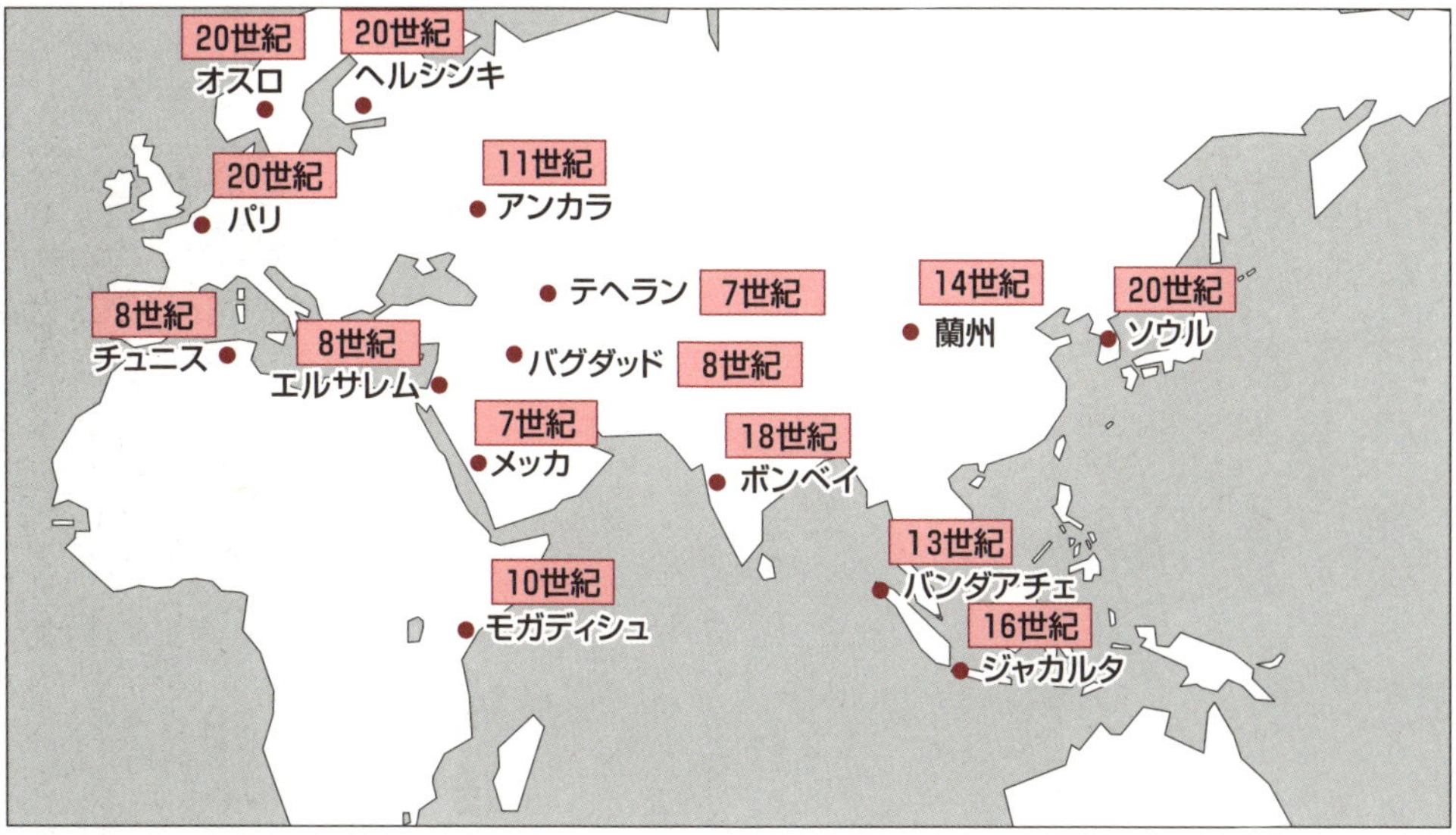

参考資料：『イスラーム世界事典』明石書店

死後の世界――仏教

輪廻する世界と輪廻しない世界

◎人々が最後に到達する世界こそが極楽浄土

仏教の世界では、死後には二つの世界があると考えられている。ひとつは輪廻する世界、もうひとつは輪廻しない世界だ。それぞれの世界で人々を待ち受けているのは、いったい何か。

六つに分かれる輪廻の世界

人は死んだらどうなるのか――、古来、多くの人々がその答えを知りたがり、またさまざまな宗教が独自の見解を示してきた。では、仏教は死後の世界観をどのように捉《とら》えているのだろうか。

仏教では、死後の世界は二つあると考えられている。ひとつは輪廻《りんね》する世界、もうひとつは輪廻しない世界である。

輪廻とは、生と死を繰り返すことをいう。

その輪廻する世界には、「地獄道」「餓鬼《がき》道」「畜生《ちくしょう》道」「修羅《しゅら》道」「人間道」「天道」の六つの世界があるといわれている。

地獄道とは、殺生や窃盗などの罪を犯した者が堕ちる恐怖と苦の世界で、さらに八層に分かれる。また、物惜しみをしたり嫉妬《しっと》の念を抱くと餓鬼道に、悪業を作った者は畜生道に堕ち、修羅道に堕ちるのは瞋《しん》（憎悪・怒り）、慢（慢心）、痴（愚痴）を持った者という。

人間道とは人間界のことで、天道とは主としてインド土着の神々が住む世界を指す。

これら六つの世界は「六道輪廻の世界」と呼ばれ、生前の行ないによって、いずれかの世界に生まれ変わるのだ。

悟りを啓いた者だけが到達する極楽浄土

輪廻する世界とは生と死を繰り返す、すなわち迷いと煩悩《ぼんのう》の世界である。

対して輪廻しない世界とは生まれ変わらない、つまり迷いも煩悩もない世界のこと。いわゆる極楽浄土を指す。

では、どのような人が極楽浄土に行けるのか。それは煩悩と迷いを解き、悟りを啓《ひら》いてブッダとなった人だけが行くことができると考えられている。

たとえ地獄道や畜生道に堕ちた人でも、そこで悟りを啓けば二度と輪廻せず極楽浄土に行くことができるというのである。

仏教の究極の教えのひとつが、この輪廻する世界からの解脱ともいわれている。

三大宗教用語の基礎知識

【餓鬼道】
飢えと渇きに悩まされ、栄養失調の餓鬼がいる世界。

【畜生道】
動物の住む世界。

【修羅道】
インドの神・阿修羅も住む。たえず争い、戦闘が続いている。

阿弥陀仏の住む絢爛豪華な世界

では、極楽浄土とは具体的にどのようなところなのか。そこは、五百億もの宮殿や楼閣、また金銀水晶などの宝石からなる樹木が立ち並び、仏のやさしい声と音楽が響き渡る、絢爛豪華《けんらんごうか》でまことに心地よい世界だという。

そもそも浄土とは、仏の住む場所をいう。そのうち、阿弥陀仏の住むところが極楽浄土なのである。

この極楽浄土の思想は紀元一〇〇年ごろ、西北インドで成立したとされている。死後、浄土に行くには南無阿弥陀仏《なむあみだぶつ》を唱えていればよいという信仰で、九世紀ごろには日本にも伝えられ、大衆に受け入れられた。

その極楽浄土は、「西方十万億仏国土」を過ぎたところにあるという。はるか彼方《かなた》、人間の想像の域を超えたところにあるというたとえである。

「解脱」＝人間が仏になる

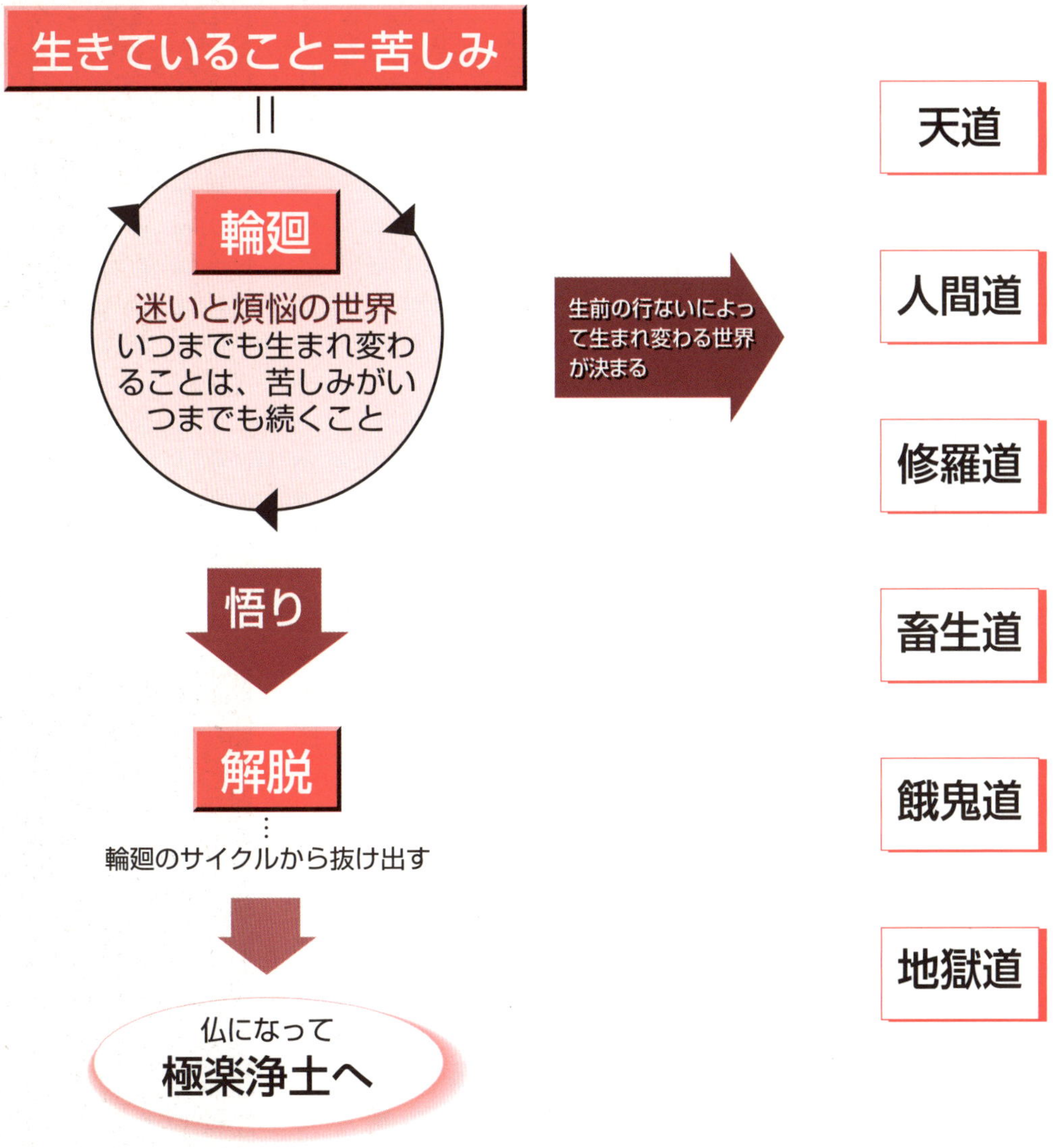

死後の世界――キリスト教
「最後の審判」と「神の国」への道

◎キリストの死と復活に深く結びついたキリスト教の死生観

キリスト教では、人の命は死によって終わるものではないという。キリスト教の説く永遠の命や天国と地獄とはどういうものなのか。最後の審判の日にはいったい何が起こるのか。

キリストの復活と永遠の命

人間は死んだら、そのあとどうなるのか――。古今東西で人々が直面し、不安に苛《さいな》まれてきた問題である。

キリスト教ではこの問題に対して、死後も命があると答えている。いわば「永遠の命」というわけだが、この永遠の命がイエス・キリストの復活を通して約束されているとされる。

それはもちろん、肉体の不死を意味するのではない。

現世での命は、いずれ死によって終わりを迎える。肉体は滅びて、財産や地位など、現世での富はすべて自分とは無縁のものになってしまう。

キリスト教では、そのため現世に富を積むのではなく、「富は天に積みなさい」と説く。

そうすれば、十字架に架けられたイエスが死に打ち勝って復活したように、死後に「天国」へ昇って神のもとに行けるというのである。

天国と地獄、そして煉獄

このように、キリスト教では天国と地獄の概念がある。

どちらに行くかは、その人が生前にどのような生き方をしたかによって決められる。

生き方といっても、前述したように功績や名誉など、現世での富は関係ない。

重要とされるのは天に積んだ富、すなわち神に対する深い信仰や、周囲の人々への愛を持って生きたかどうかである。

つまり、キリストの教えに従って信仰深く生きた者は天国に行ける。しかし、キリストの教えを無視して、現世利益ばかりを追求した者は地獄に行くことになるというわけだ。

天国では神の祝福をもって迎えられ、永遠の喜びを得ることができるが、神から見離された地獄では、無限の苦悩と絶望が待ち受けているとされる。

そのほか、ローマ・カトリック教会では、天国と地獄の間に「煉《れん》獄《ごく》」と呼ばれる場所が存在するとしている。

煉獄とは、罪を犯した人がその罪を償う場所である。

三大宗教用語の
基礎知識

【世界の終末】
「ヨハネの黙示録」などの終末観では、キリストが再臨する時に現在の古い世界は終わりを告げ、滅びることのない神の国が到来すると考えられている。

【ミケランジェロの『最後の審判』】
ルネサンス期の巨匠ミケランジェロが一五三六年から一五四一年に制作した大祭壇画。再臨したキリストを中心に、最後の審判が下される模様が描かれている。

ほとんどの人が、まずは煉獄に行くと考えられているが、ここで罪を浄化することができれば、天国へ行ける可能性があるとされている。

最後の審判が下される日

また、キリスト教では世界の終末において、「最後の審判」が下されると考えられている。

『新約聖書』によれば、この時、神に代わる審判者としてキリストが再臨し、すでに死んでいる人も復活するという。

そして、生きている人も死者も、すべての人がキリストによって裁かれる。

その結果、永遠の命を与えられて「神の国」に参加できる者と、地獄へ墜ちる者とが決められるとされているのだ。

バチカンのシスティナ礼拝堂にある、有名なミケランジェロの『最後の審判』も、この思想をもとに描かれたものである。

キリスト教の天国と地獄

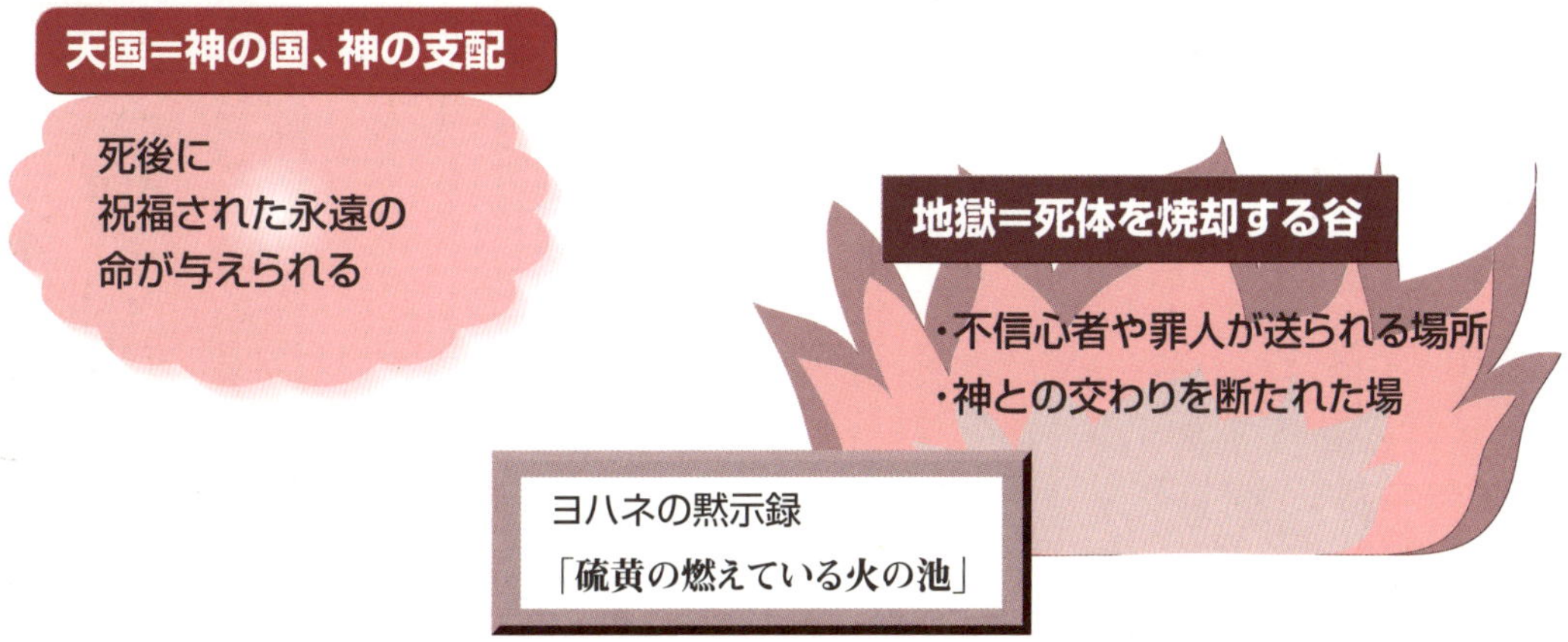
天国＝神の国、神の支配
死後に
祝福された永遠の
命が与えられる
地獄＝死体を焼却する谷
・不信心者や罪人が送られる場所
・神との交わりを断たれた場
ヨハネの黙示録
「硫黄の燃えている火の池」

キリスト教の死生観

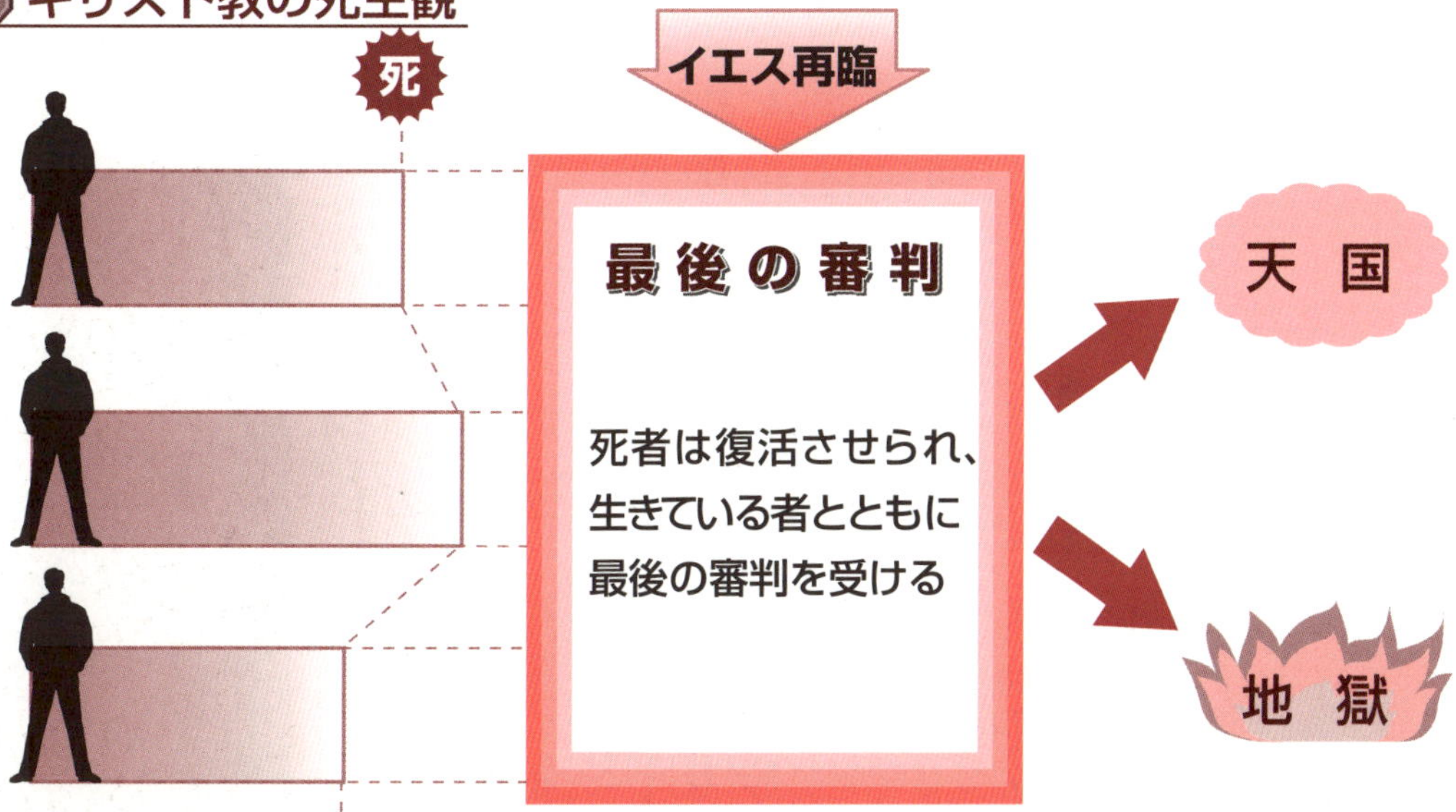
死
イエス再臨
最後の審判
死者は復活させられ、
生きている者とともに
最後の審判を受ける
天国
地獄

死後の世界――イスラム教
幸せのために現世で「悔い改める」

◎かりそめの現世を生き来世を待つ。神が下す「最後の審判」

この世はすべて神と、神の被造物で成り立つと考えるイスラムでは、死後の世界もすべて神の意思に委ねられる。死後の来世に辿り着くのは天国か地獄か。コーランから読みとれるその死生観とは。

アッラーによる最後の審判

イスラムの教義において、もっとも強調されているのは、アッラーは唯一絶対の神だということである。

この世はすべて神の意思によって決定され、それはもちろん死についても同じだ。

死後の世界の考え方は、アッラーによって最後の審判が下されるという「終末論」がベースである。

死者の霊魂は、死んだ翌日に肉体から離れる。そして、ある場所にとどまり永い眠りに入るが、生前の行ないが良くない者の魂は牢《ろう》獄《ごく》に入れられる。

終末の日は突然、天変地異のように訪れる。その日はアッラーによる審判の日でもあり、すべての死者の魂は再び肉体に戻り、元の姿に戻される。いわゆる「復活」である。

そして、人間はアッラーの前に呼び出され、審判を受ける。そこで現世での行ないをひとつひとつ問われ、信仰の篤《あつ》い者は天国へ、不信心者は地獄へと送られるのである。

かりそめの現世はすべて来世の幸福のため

『コーラン』には、死後の世界における天国と地獄の描写も随所にみられる。

それによれば、天国では手足を思いきり伸ばしながら木陰で果物を食べ、美しい処女を与えられて、至福の時間が過ごせる。

一方、地獄では熱風と熱湯を浴びせられ、死ぬに死ねない苦痛が永遠に続くのだ。

そもそも、アッラーがムハンマドへと啓示を送ったのは、神は絶対の存在であるのに、それに反して部族の偶像崇拝を行ない、世俗的な生活を送っている人間（アラブ民族）に対する「罪の自覚」という意図が含まれていた。

すなわち、イスラムの信仰は「悔い改め」の時間であり、それが足りなければ死後、地獄へと送られてしまう。

人間の天命はアッラーにしかわからないから、信者は若いころから日夜、つねに篤く信仰する必要があるということになる。

三大宗教用語の 基礎知識

【終末論】
ユダヤ教にルーツを持つ考え方だが、その大本は鳥葬で知られるゾロアスター教だといわれている。

【土葬】
土葬の習慣はしばしば非イスラムの国でその対応に問題が起こる。近年起こったスマトラ沖地震の際にも、被災国は死者の多さに当初火葬を行なったが、被災者にはムスリムも多く、抗議が起こったため、可能な限り土葬を行なうよう配慮した。

イスラムにおいて、現世はかりそめの世にすぎず、何より重要なのは来世と考える。

　つまり、現世での深い信心は天国で幸福に過ごすため、すべては来世のために必要な行為というわけだ。

イスラムの葬式が土葬である理由

イスラム教の葬式は基本的に土葬である。埋葬は死後二十四時間以内に行なわなければならず、布に覆われた遺体は、地中に右半身を下にして埋められ、顔はメッカの方向に向けられる。

　火葬を禁じているのは、ムスリムにとって火が地獄を連想させるのと同時に、肉体を焼いてしまうと〝復活の日〟に魂が戻る場所がなくなってしまうからだという。

　このあたりは、やはり復活論を唱えるキリスト教や、ひいては古代エジプトの「死者再生」の考え方にも相通じるものがあるといえるだろう。

イスラム教徒の死生観

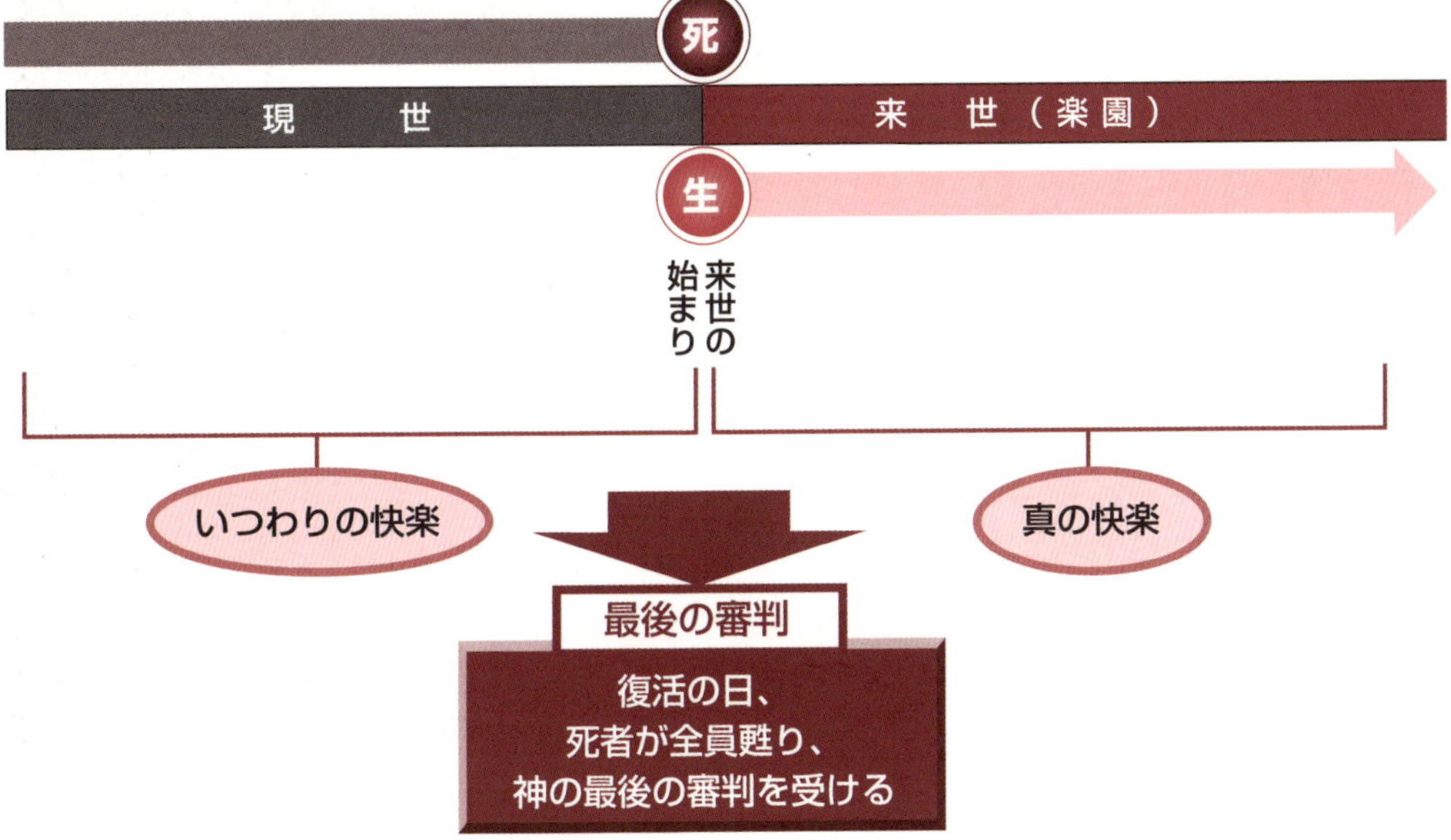
死
現　世
来　世（楽園）
生
来世の始まり
いつわりの快楽
真の快楽
最後の審判
復活の日、
死者が全員甦り、
神の最後の審判を受ける

イスラム教の天国と地獄

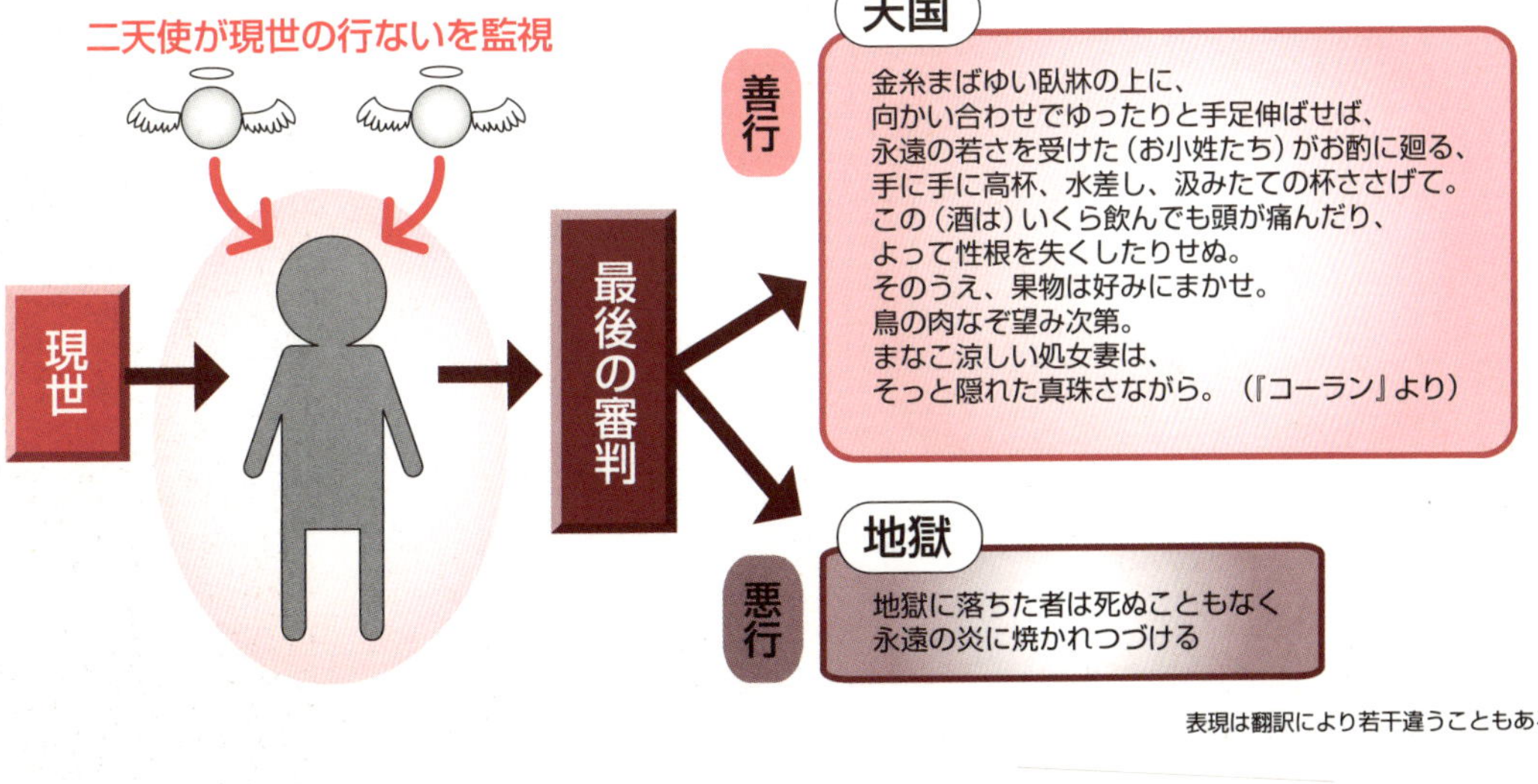
二天使が現世の行ないを監視
現世
最後の審判
天国
善行
金糸まばゆい臥牀の上に、
向かい合わせでゆったりと手足伸ばせば、
永遠の若さを受けた（お小姓たち）がお酌に廻る、
手に手に高杯、水差し、汲みたての杯ささげて。
この（酒は）いくら飲んでも頭が痛んだり、
よって性根を失くしたりせぬ。
そのうえ、果物は好みにまかせ。
鳥の肉なぞ望み次第。
まなこ涼しい処女妻は、
そっと隠れた真珠さながら。（『コーラン』より）
地獄
悪行
地獄に落ちた者は死ぬこともなく
永遠の炎に焼かれつづける

表現は翻訳により若干違うこともある

Column

2

七転び八起き

よく知られた慣用句に「七転び八起き」がある。これは、度重なる失敗にもめげず、そのたびに奮闘して立ち直ることをいう。転じて、人生には浮き沈みが激しいことのたとえで、人生は七転び八起きだ、という表現もよく使われる。

七転び八起きの縁起物として日本で信仰されるようになったのが、起き上がり小法師《こぼし》だ。起き上がり小法師とは、底におもりをつけただるまのことで、いくら倒してもまっすぐに起き上がることから、開運の縁起物となった。

だるまは、中国禅宗の開祖となった菩提達磨《ぼだいだるま》がモデルである。五世紀ごろ、南インド香至国の第三王子として誕生した達磨はその地位を捨てて仏門に入り、数十年修行したのち中国へ渡る。そして、現・河南省の嵩山少林寺の壁に向かって九年間、座禅をしつづけ瞑想を行なったという。

だるまはその座禅している姿であり、また達磨が立ち上がる姿を七転び八起きと表現したともいわれている。

達磨が開いた禅宗はその後、五家七宗と呼ばれる宗派に分かれた。そのうち、鎌倉時代に日本に伝えられたのが、臨済宗《りんざいしゅう》と曹洞宗《そうとうしゅう》である。

また、江戸時代に伝えられた黄檗《おうばく》宗も禅宗であるが、念仏や密教の影響も受けている。

ちなみに、七転び八起きと同じような意味の言葉が『旧約聖書』(箴言《しんげん》二十四章十六節)にも登場する。それは、「神へ従う人(正しいもの)は七度倒れても起き上がる」というものである。

第3章 仏教を知る

『仏様』の概念 仏とは悟りを啓いた人のこと

◎いくつにも分かれる仏のタイプ

この宇宙には、ブッダに限らず無数の仏が存在すると考えられている。それらはいくつかのタイプに分けられ、それぞれの役割にしたがって人々を仏の道に導こうとしているという。

現在、過去、未来、いつの時代にも仏は存在する

仏というと、仏教の創始者であるブッダのことだけを指すと思われがちだ。

そもそも仏とは、悟りを啓《ひら》いた人、心理に目覚めた人を意味する。ブッダもそのひとりで、釈迦《しゃか》国の王子だったゴータマ・シッダールタが悟りを得た結果、人間から仏となり、ブッダと称されるようになったのだ。ブッダと仏は同じ意味だが、ブッダはシッダールタのみにつけられた固有名詞である。

つまり、ブッダだけに限らず修行によって悟りを啓いた人はすべて仏になれるというわけだ。そのため、仏教の世界ではブッダの前にも仏は存在し、また未来の仏も存在すると考えられている。

たとえば、ブッダ以前には六人の仏がいたとされ、ブッダを含め過去七仏と呼ばれる。

一方、将来、仏となって人々を救済するために、現在、天界で修行に励んでいる仏を未来仏という。弥勒菩薩《みろくぼさつ》は代表的な未来仏である。

それらすべての仏を総称して三世《さんぜ》の諸仏と呼ぶ。三世とは過去、現在、未来のことだが、それだけにとどまらず、東西南北、上下と、あらゆるところに仏は存在するとされている。

人々にとってもっとも身近な仏とは

仏の分け方には、もうひとつある。「法身仏《ほっしんぶつ》」「報身仏《ほうしんぶつ》」「応身仏《おうしんぶつ》」の三つだ。

法身仏とは別名、宇宙仏ともいわれ、永遠の過去から永遠の未来まで仏でありつづけるという永遠不滅の仏のこと。毘盧遮那仏《びるしゃなぶつ》や大《だい》日如来《にちにょらい》がこれに相当する。

報身仏は修行の結果、仏となった仏のことで、阿弥陀《あみだ》如来や薬師如来が有名である。阿弥陀如来は四十八の、薬師如来は十二の誓願を立て、これらが成就されない限り、仏にはならないと願掛けしたという。

そして、生死する肉体を持ち、輪廻する世界で教えを説くのが応身仏だ。

ブッダはこれに相当する。

三大宗教用語の **基礎知識**

【釈迦】釈迦族出身のため、お釈迦様と呼ばれる。釈迦の尊称が釈尊。

【五大明王】不動明王のほかに、降三世《ごうざんぜ》明王、軍荼利《ぐんだり》明王、大威徳《だいいとく》明王、金剛夜叉《こんごうやしゃ》明王がいる。

【帝釈天】梵天と並んで、仏教の二大守護神といわれる。須弥山《しゅみせん》の頂上の城に住んでいるとされている。

如来や菩薩などの意味とは

ところで、仏の名前の下にはその役割によって、如来や菩薩といった言葉が各々につけられている。

薬師如来、阿弥陀如来、大日如来などの如来とは、真如《しんにょ》より来る者という意味である。簡単にいうと、真理の世界からやってきて人々に教えを説く人、となる。ブッダも如来の仲間で釈迦如来ともいわれる。

菩薩は、菩提《ぼだい》を求めて修行するという意味で、仏に準じた存在のこと。弥勒菩薩、地蔵菩薩、文殊菩薩などがそうである。

菩薩とは対照的に、強面《こわもて》で威嚇《いかく》しながら仏の道に導くのが明王《みょうおう》だ。明王の中心をなすのが、不動明王をはじめとした五大明王である。

そして、仏教の守護神とされたのが天部で、帝釈天《たいしゃくてん》、梵天《ぼんてん》、毘《び》沙門天《しゃもんてん》、吉祥天《きっしょうてん》、弁財天《べんざいてん》などがあげられる。このように、人々は数々の仏によって守られているのだ。

「仏様」にあてはまる人物、考え方

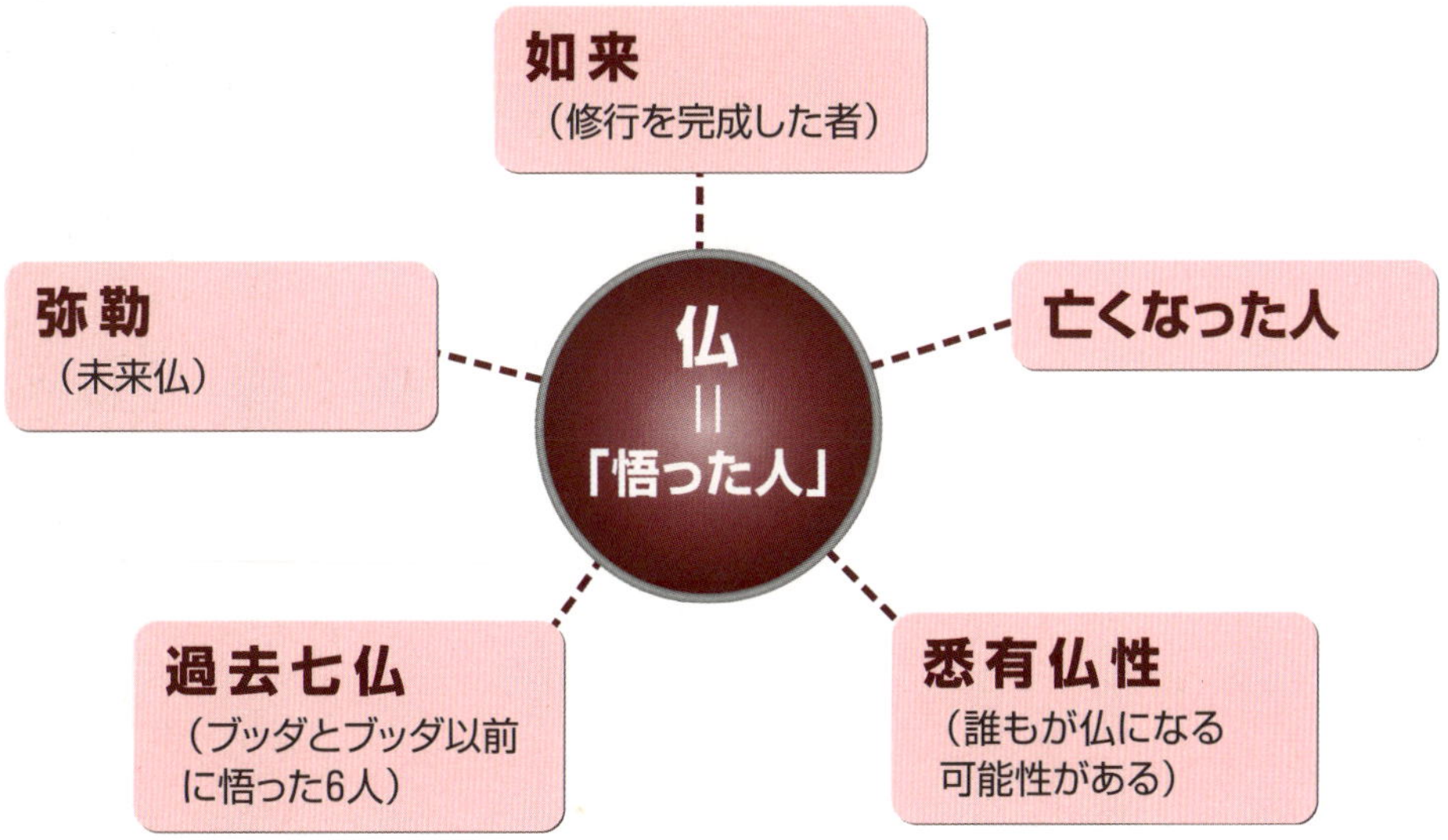

礼拝の対象としての「仏様」

菩薩＝釈迦如来の修行時代の姿

↓

ブッダも前世は菩薩

第3章
仏教を知る

上座仏教・大乗仏教
二大宗派のそれぞれの理念
◎出家した人が救われる上座と、すべての人が救われる大乗

保守的な考えの上座仏教に対して、一般の人々も救われると説いた大乗仏教。この二大宗派の教えは、数千年を経た今日もさまざまな国で脈々と受け継がれてきている。

保守的な上座仏教

ブッダの死後、百～二百年ほどたってから、仏教は上座部と大衆部とに大きく分裂する。それらはさらに二十ほどの部派に分かれ、部派全体を上座仏教と呼ぶ。

上座仏教は、出家による修行こそが真の仏道修行とする出家中心主義と、戒律を遵守《じゅんしゅ》することによって教えが保たれるとする戒律至上主義を特色としていた。

つまり、悟りを啓《ひら》いて解脱《げだつ》できるのは、出家して厳しい修行に耐えた者だけで、言い換えれば出家しない一般の人々は解脱できないという保守的な考え方といえる。

こうした考えに反発したのがのちに誕生する大乗仏教で、彼らは一部の宗教的エリートしか救わない上座仏教を、皮肉を込めて小さい乗り物、小乗仏教と呼んだのだった。

その後、上座仏教内のさまざまな部派が、それぞれ聖典を編み出すが、現在は『三蔵』などがわずかに残されている程度だという。

今日、上座仏教の流れに属するのは、スリランカ、タイ、ミャンマー、ラオス、カンボジアなどの仏教である。

大乗仏教の基本理念

上座仏教の保守的な考え方に対し、この世のすべての生き物を救済することを理想とし、ブッダの教えを真から考え直そうとして誕生したのが大乗仏教である。

現在、その流派はいくつにも分かれているが、共通する考え方はおおよそ次のとおり。

誰でもブッダや菩薩《ぼさつ》などによって救われる、ブッダは仏の化身としてこの世の中に現れた、仏はブッダ以外にも大勢いる。さらに経文あるいは真言を唱えるだけで厄災を払う力が授かるという考えも一部には生じた。

また、思想は主に「般若《はんにゃ》思想」「浄土《じょうど》思想」「華厳《けごん》思想」「法華《ほっけ》思想」とに分けることができる。

般若思想は、あらゆることは縁によって存在すると説いている。

毘盧舎那仏《びるしゃなぶつ》が長い修行の末に悟りを得て、蓮華《れんげ》蔵世界で教えを説いているというのが華厳思想だ。

また、法華思想は三十三の姿に変えたブッダがこの世に現れ、す

三大宗教用語の
基礎知識

【三蔵】
経蔵、律蔵、論蔵の三つ。経蔵はブッダの教えをまとめたもの、律蔵は教団の戒律を集めたもの、論蔵とは経と律を研究した文献のこと。

【六波羅蜜】
京都市東山区に六波羅蜜寺がある。九五一年、後醍醐《ごだいご》天皇の第二皇子といわれる光勝空也《こうしょうくうや》上人によって創設された。

べての人を等しく救ってくれるという教えで、浄土思想は阿弥陀仏によって極楽世界へ導かれるというものである。

一般大衆に広く受け入れられた大乗仏教

このように、大乗仏教は出家せず誰もが平等に救われるという教えだが、何もしなくてよいというわけではない。悟りの世界へいたるには、六つの修行が必要であるとされる。

人のために尽くし、殺人や窃盗をせず、耐え忍ぶことを身につけ、精進《しょうじん》し、精神を集中させ、そして事実や真実をありのままに見る智慧《ちえ》をつけた人が、悟りの世界（彼岸《ひがん》）に渡れるのである。

これを「六波羅蜜《ろくはらみつ》」という。

苦悩と煩悩《ぼんのう》が入り混じったこの世界（此岸《しがん》）で生きる智慧を身につけよ、ということを説いているのだ。

「大乗・小乗」の呼称

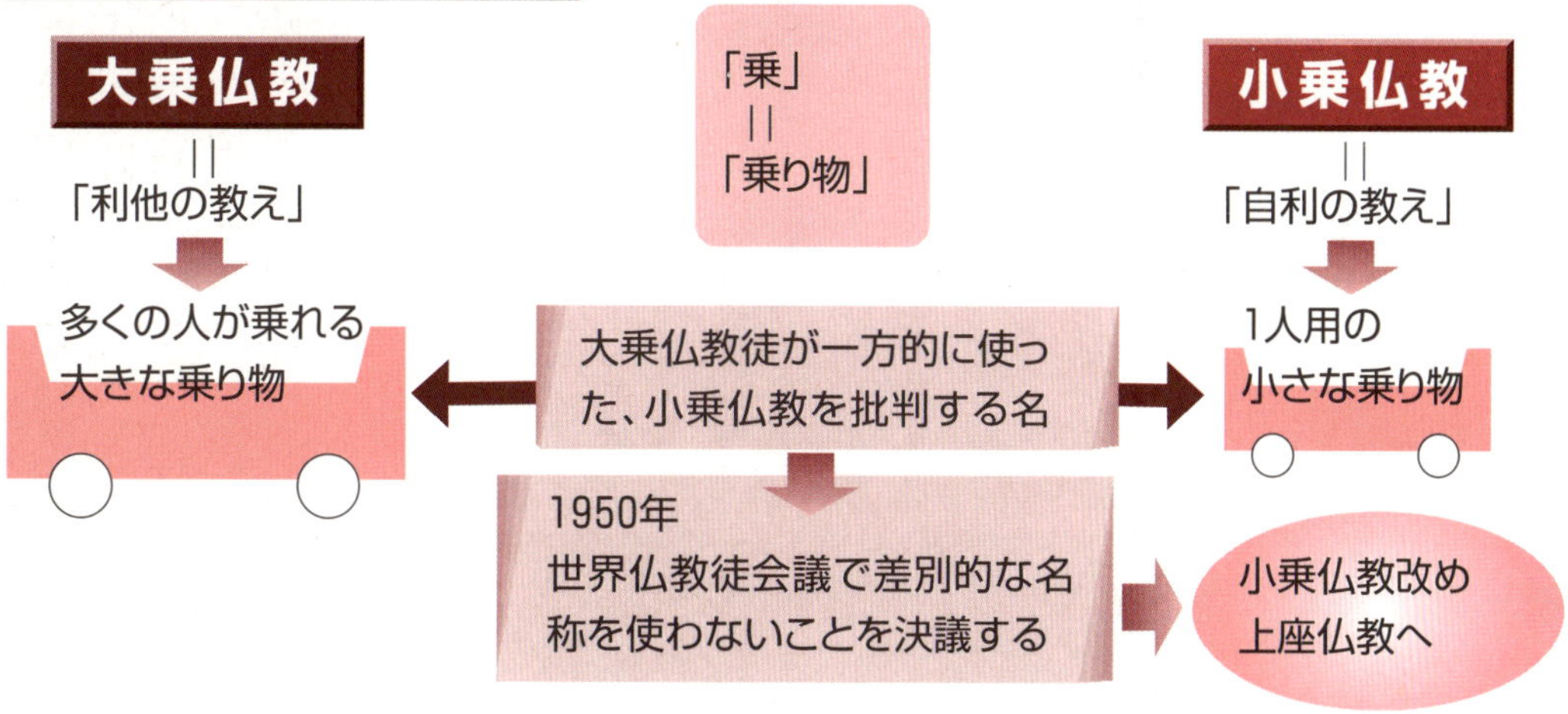

大乗仏教、上座仏教の広まり

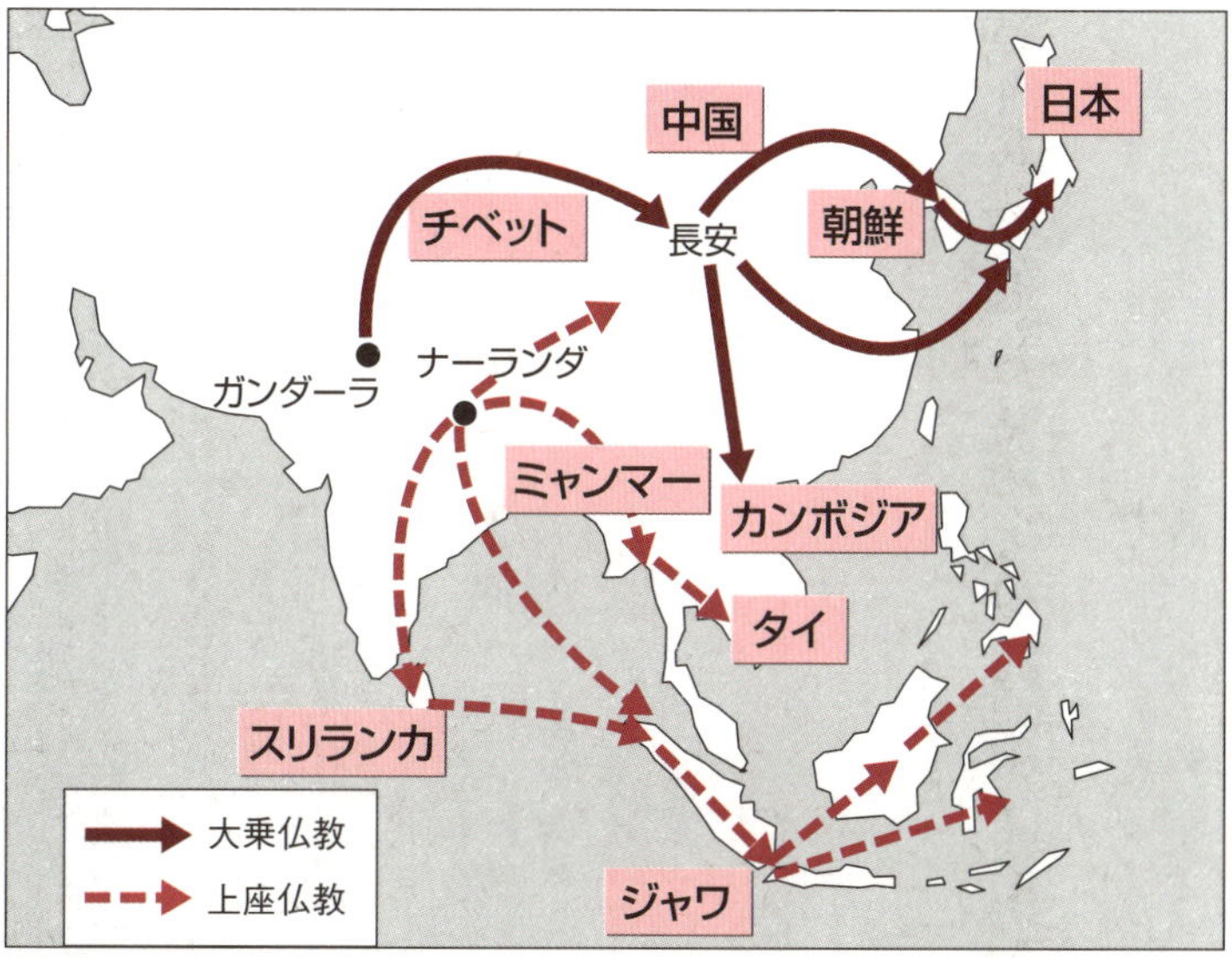

玄奘三蔵の功績
天竺から中国への命がけの〝旅路〟

◎三蔵法師が求めてやまなかったものとは

『西遊記』のモデルとしても有名な玄奘。彼は、国禁を犯してまでも天竺へと旅立ち、自分の求めていたものを探し出す。その思いは、『般若心経』とともに日本へも伝えられた。

『西遊記』の三蔵法師のモデル

十六世紀、中国の明《みん》時代に発表された伝奇小説のひとつに『西遊《さいゆう》記《き》』がある。これは、僧である三《さん》蔵法師《ぞうほうし》が孫悟空《そんごくう》、沙悟浄《さごじょう》、猪八戒《ちょはっかい》をお供に、さまざまな冒険をしながら天竺《テンジク》（インド）へお経を取りに行くという話だ。

この三蔵法師のモデルとなったのが玄奘《げんじょう》である。玄奘は、『西遊《ずい》記』よりずっと前の七世紀、隋・唐《とう》時代の僧で、十三歳の時に出家すると洛陽《らくよう》をはじめ蜀《しょく》、成都、趙《ちょう》州、長安と各地をまわって、さまざまな教義を受ける。

ところが、修行が深まるにつれ、数々の疑問を抱くようになる。経典や高僧・名僧にその答えを見出《みいだ》そうとするものの、なかなか明確な答えは得られない。そこで、仏教発祥の地で学ばなければだめだと悟った玄奘は、天竺へ行く決意をするのだった。

しかし、当時の中国では、国外への外出は許可されていなかった。では、どうしたのか。探究心の強かった玄奘は、国禁を犯して旅立ったのである。六二九年のことだった。

危険を覚悟で出発した玄奘

命を落とすかもしれないという危険を覚悟で出発した玄奘は、昼間は熱波が吹き荒れ、夜間は急激に気温の下がるタクラマカン砂漠を進み、雪と氷に閉ざされた天山山脈を越え、灼熱地獄の火焔山を横切り、途中、盗賊に襲われながらも三年かけてようやく天竺へたどり着く。

そして、中インドのマガダ国に建つナーランダー寺院で仏典の研究に打ち込み、約四年でほぼすべての仏典を自分のものにする。その時、玄奘は探し求めていた答えにやっと出会うことができたという。

その後、インド各地に巡礼の旅に出かけ、中国に戻ったのは六四五年。出国してからじつに十七年ぶりのことだった。その間、通過した国は百十カ国とも百三十カ国ともいわれている。

玄奘が天竺から持ち帰ったのは仏舎利《ぶっしゃり》、仏像八体、六百五十以上におよぶ経典などで、玄奘は帰国後すぐに経典の翻訳に取り組む。

三大宗教用語の基礎知識

【三蔵法師】
「経」「律」「論」の三蔵を究めた僧のこと。ほかにも三蔵法師と呼ばれる僧はいたが、玄奘はとくにすぐれていたといわれる。

【ナーランダー寺院】
当時、仏教大学としての役割を担っていた。

【仏舎利】
ブッダが荼毘《だび》に付された際の遺骨、また荼毘祭壇の灰塵のこと。現在、八万以上の寺院に奉納されている。

その翻訳作業は死の間際まで続けられ、約千三百三十五巻にものぼったという。

　また、六四六年には旅の様子をまとめた全十二巻からなる『大唐《だいとう》西域記《せいいきき》』を著している。

玄奘の心のより所だった『般若心経』

　さて、玄奘が手がけた翻訳の約半分近くを占めるのが『大般若経』六百巻である。現在、日本で慣れ親しまれている『般若心経《はんにゃしんぎょう》』の基がこれである。

　『大般若経』は、大乗仏教の基本哲学である「空《くう》」の思想について書かれている。すなわち、執着、迷い、恐怖などを取り除いて「空」の立場に立った時、人は苦しみから逃れられるというものである。

　『般若心経』は、この思想を二百六十二文字にまとめたものだ。玄奘は旅の途中でこの『般若心経』と出会った。それから終生、心のより所にしていたのである。

玄奘三蔵の生涯

602	河南省陳留県に生まれる（諸説あり）
618	15歳のとき洛陽で受戒（諸説あり）
622	成都で具足戒を受け、比丘僧になる
629	仏教学の研究のため天竺（インド）に出発
645	長安に帰り、天竺から持ちかえった経典の翻訳を開始
664	没

← 中国〜天竺への旅、天竺での研学（629〜645）

← 経典の一大翻訳事業を展開（645〜664）

経典翻訳事業の功績

天竺から帰国

弘福寺、大慈恩寺に翻訳所を設置

梵語、経典にくわしい大徳10人を集める

翻訳事業開始

「菩薩蔵経」　20巻
「仏地経」　1巻
「六門陀羅尼経」1巻
「顕揚聖教論」　20巻
⋮

17年6カ月間に1335巻の経典を翻訳

日本への仏教伝来

大乗仏教の定着と聖徳太子の貢献

◎中国、朝鮮半島を経て六世紀ごろ、日本へ

史料によれば仏教が日本に伝わったのは六世紀。それは朝鮮半島を経由して伝来された大乗仏教だった。以後、日本では大乗仏教が定着するが、それには聖徳太子が大きく関わっている。

日本に大乗仏教が浸透した理由

現在、日本には約七万六千の仏教系寺院が建つといわれる。ここまで仏教が日本に浸透していったのは、一般大衆に受け入れられやすい大乗仏教だったことが大きく関係している。

では、なぜ日本に伝えられたのが大乗仏教だったのか。その謎をとくには、今から千五百年前にさかのぼらなければならない。

インドから中国へ伝播《でんぱ》した仏教は、仏典の翻訳の時代がしばらく続いたあと、今度は経典の研究が始められる。

それは四～六世紀ごろのことで、上座仏教と大乗仏教の経典のなかから、ブッダの教えをもっとも反映させたものを探すというものだった。

その真の教えを探すためにいくつかのグループが誕生し、やがてそれは宗派と呼ばれるようになる。

そして、朝鮮半島を経由して、いくつかの宗派がそのまま日本に伝えられた。それらは大乗仏教の思想を基本としていたのである。そのため、日本は大乗仏教国のひとつになったのだ。

仏教伝来直後に起こった論争とは

日本への仏教伝来は五三八年（あるいは五五二年）、朝鮮半島の百済《くだら》から欽明《きんめい》天皇に仏像、仏具、経典などが献上されたのがはじめといわれている。

しかし、最初からすんなり受け入れられたわけではなかった。

公式に仏教が伝来した直後、物《もの》部《のべ》氏・中臣《なかとみ》氏と蘇我《そが》氏との間で激しい論争が巻き起こったのである。

物部氏・中臣氏は日本古来の神々を守ろうとして仏教の導入には反対。一方の蘇我氏は革新派で、導入には賛成だったのだ。

結局、六世紀末に発布された「仏教興隆の詔」によって、仏教は日本で公認されることになったのである。

また、その十数年後には「神祇祭拝の詔」も出され、神を祀《まつ》って敬うことも奨励されたのだった。

三大宗教用語の基礎知識

【百済】
朝鮮半島南西部にあった国家。文献に登場するのは四世紀ごろからで起源は不明。

【聖徳太子】
父は用明天皇、母は欽明天皇の娘・穴《あな》穂《ほ》部間人《べのはしひと》皇女。救世観音が母の体内に入って太子を出産した、一度に十人の話を理解したなど、数々の伝説に包まれている。

聖徳太子の大きな役割

「仏教興隆の詔」を出し、日本の仏教普及に貢献したのが推古《すいこ》天皇の摂政《せっしょう》だった聖徳太子《しょうとくたいし》である。聖徳太子は渡来僧から仏教について学び、理解と信仰を深めていた。

六〇四年に制定した十七条憲法にも「和をもって貴《とうと》しとなす」「篤《あつ》く三宝を敬え」など仏教思想が随所に盛り込まれている。ちなみに三宝とは仏、法、僧のことを指す。

六〇七年には小野妹子《おののいもこ》や学問僧らをはじめて隋《ずい》に派遣し、隋の仏教文化や優秀な人材などを招来。以後、数回にわたって隋、唐《とう》に遣使が派遣されるようになる。

さらに『法華《ほけ》経』『維摩《ゆいま》経』『勝《しょう》鬘《まん》経』の注釈書を著し、これらは総称して『三経義疏《さんぎょうのぎしょ》』と呼ばれている。それだけでなく、法隆寺をはじめ四天王寺、中宮寺、飛鳥《あすか》寺《でら》など次々に寺を建立し、仏教の発展におおいに寄与したのである。

仏教の伝来と成立

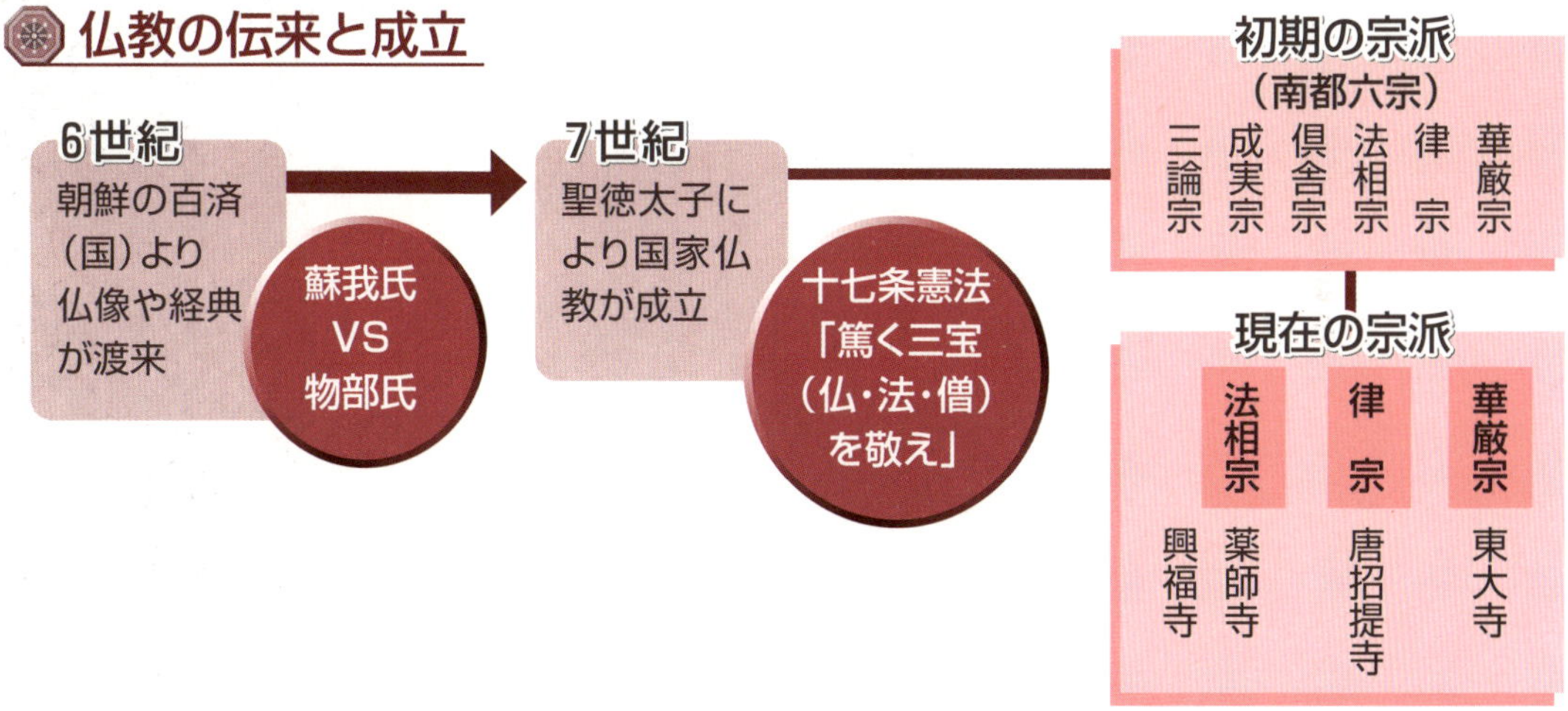

日本における仏教年表

飛鳥・奈良時代	平安時代	鎌倉時代	安土桃山・江戸時代
東大寺大仏完成 最初の遣隋使派遣 聖徳太子「十七条憲法」制定 朝鮮の百済より仏像や経典が渡来	最澄が天台宗、空海が真言宗を開宗 最澄、空海が入唐	日蓮宗開宗 道元が曹洞宗を伝える 浄土真宗を開いた親鸞が法然の門下に入る 法然が浄土宗を開宗	隠元が来朝し、黄檗宗を開く 江戸幕府により檀家制度が作られる 江戸幕府が本山末寺制度を定める 織田信長が比叡山を焼き討ち

大化の改新〜奈良仏教
国家の庇護のもと花開いた仏教

◎鑑真などのすぐれた僧や重要な宗派が続々と来日

六世紀前半に本格的に伝来された仏教は、八世紀の奈良時代に最盛期を迎える。国家の統治方法としても用いられたその仏教の中心は南都六宗だった。それらはいったいどんな宗派なのか。

奈良時代に最盛期を迎えた仏教

六四五年、豪族から天皇中心の政治へと転換する大事件、大化《たいか》の改新が起こる。そして、翌年には再び「仏教興隆の詔」が発せられ、仏教は本格的に国家に受け入れられることになったのだ。

国家の庇護《ひご》のもと、国家統治の方法としても用いられた仏教は、その後、奈良時代に入って最盛期を迎える。寺院は国立（官立）で、僧侶《そうりょ》もいわば当時の国家公務員として扱われた。

また、聖武《しょうむ》天皇の時代には、東大寺をはじめ、国ごとに国分寺が建てられたり、仏教や経典についての研究も積極的に行なわれたのだった。こうした背景には、唐《とう》の影響が大きくからんでいる。当時の唐は仏教が隆盛した時代であり、体系化された仏教が続々と唐から伝えられたのである。

その唐から伝来し、奈良時代の仏教を代表する存在が、平城京を中心に栄えた南都六宗《なんとろくしゅう》というものだった。南都とは奈良を指し、六宗は三論《さんろん》宗、法相《ほっそう》宗、成実《じょうじつ》宗、倶舎《くしゃ》宗、律《りつ》宗、華厳《けごん》宗のことをいう。

日本仏教に重要な影響を与える南都六宗

南都六宗のなかでも最大の勢力を誇っていたのが華厳宗である。華厳宗は唐の高僧・法蔵によって大成されたもので、唐で学んだ新羅《しらぎ》の審祥《しんじょう》らが来日して伝えた。

華厳宗の教えは『華厳経』がもとで、すべての人々は仏であると説いている。聖武天皇はとくにこの華厳宗に帰依《きえ》していたという。

また、戒律を中心とした宗派である律宗を伝えたのが鑑真《がんじん》である。途中、失明するという苦難を乗り越え、六度目にしてようやく日本にたどり着いた鑑真は、東大寺に戒壇《かいだん》を設け、孝謙《こうけん》天皇ら四百四十人余に授戒《じゅかい》した。

授戒とは、仏門に入る人に守るべき戒律を授けることで、その戒律を授けるための壇を戒壇という。さらに、授戒伝律の根本道場として唐招提寺《とうしょうだいじ》を建立《こんりゅう》する。

このように、鑑真は日本仏教における得度や戒律の形成に重要な役割を果たしたのだった。

法相宗は、唯識《ゆいしき》宗とも呼ばれ、

三大宗教用語の基礎知識

【東大寺】
奈良の大仏として親しまれている毘盧遮那仏《びるしゃなぶつ》を本尊としている。大仏は七四五年に制作が開始され、七五二年に開眼供養会が行なわれた。寺の起源は大仏建立よりも古く、八世紀前半には前身寺院が建てられていたという。

【鑑真】
六八八〜七六三。七四二年にはじめて訪日を決意してから十年以上たった七五三年に初来日をはたす。

玄奘《げんじょう》の弟子窮基《きき》が大成したとされる。万物は自分の心から誕生したものであり、自分の心を離れて存在することはないという教えで、日本人留学僧によってもたらされた。

ひとつの寺に複数の宗派が存在

隋《ずい》の吉蔵《きちぞう》が大成し、高句麗《こうくり》の僧・慧灌《えかん》が広めたのが三論宗だ。ナーガールジュナ（龍樹）の『中論』などを基本に「空《くう》」を唱えていることから空宗ともいわれる。

また、法相宗の付属の宗とみなされたのが倶舎宗で、経を拠所とせず論を拠所としたのが三論宗の付属的なものとみなされた成実宗である。

これら南都六宗は排他的ではなく、また学問色が濃かったことから、相互に行き来して二宗以上を兼学したり、ひとつの寺に複数の宗派が存在したりもした。奈良時代には、自由な雰囲気で仏教を学べる環境が整っていたのである。

仏教伝来から受容されるまで

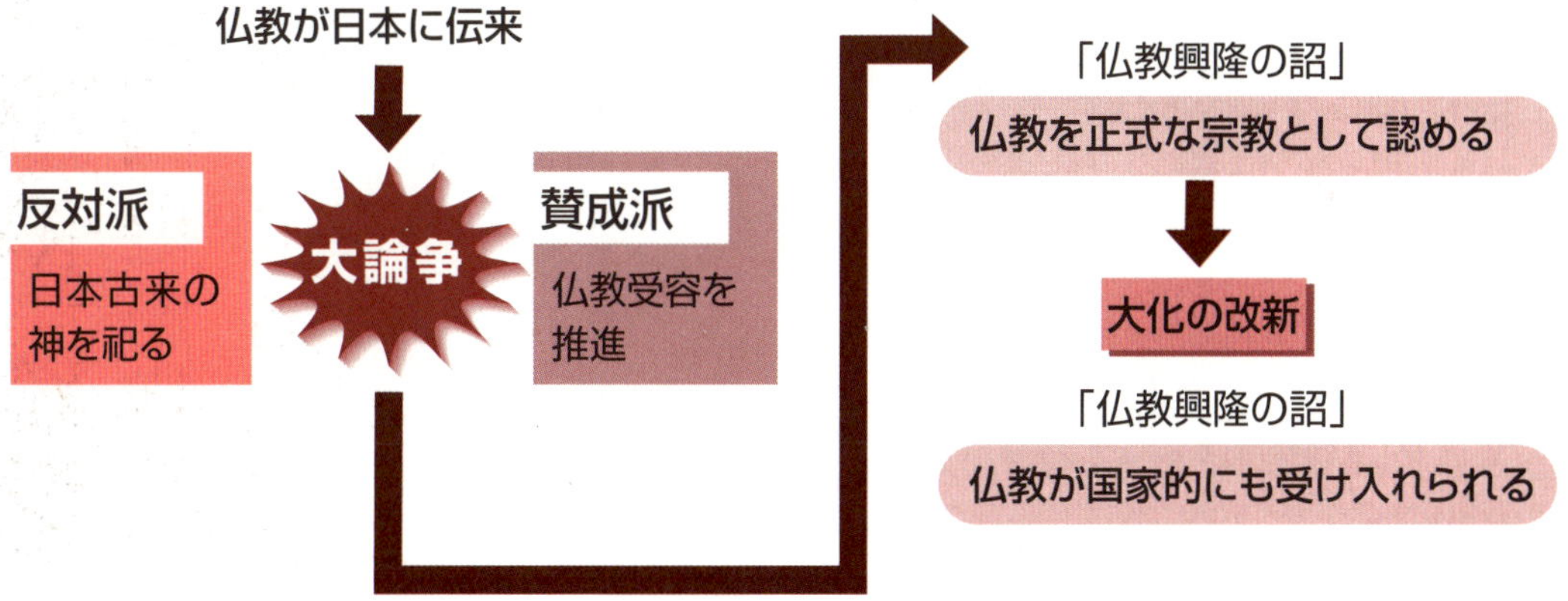

奈良時代に成立した南都六宗

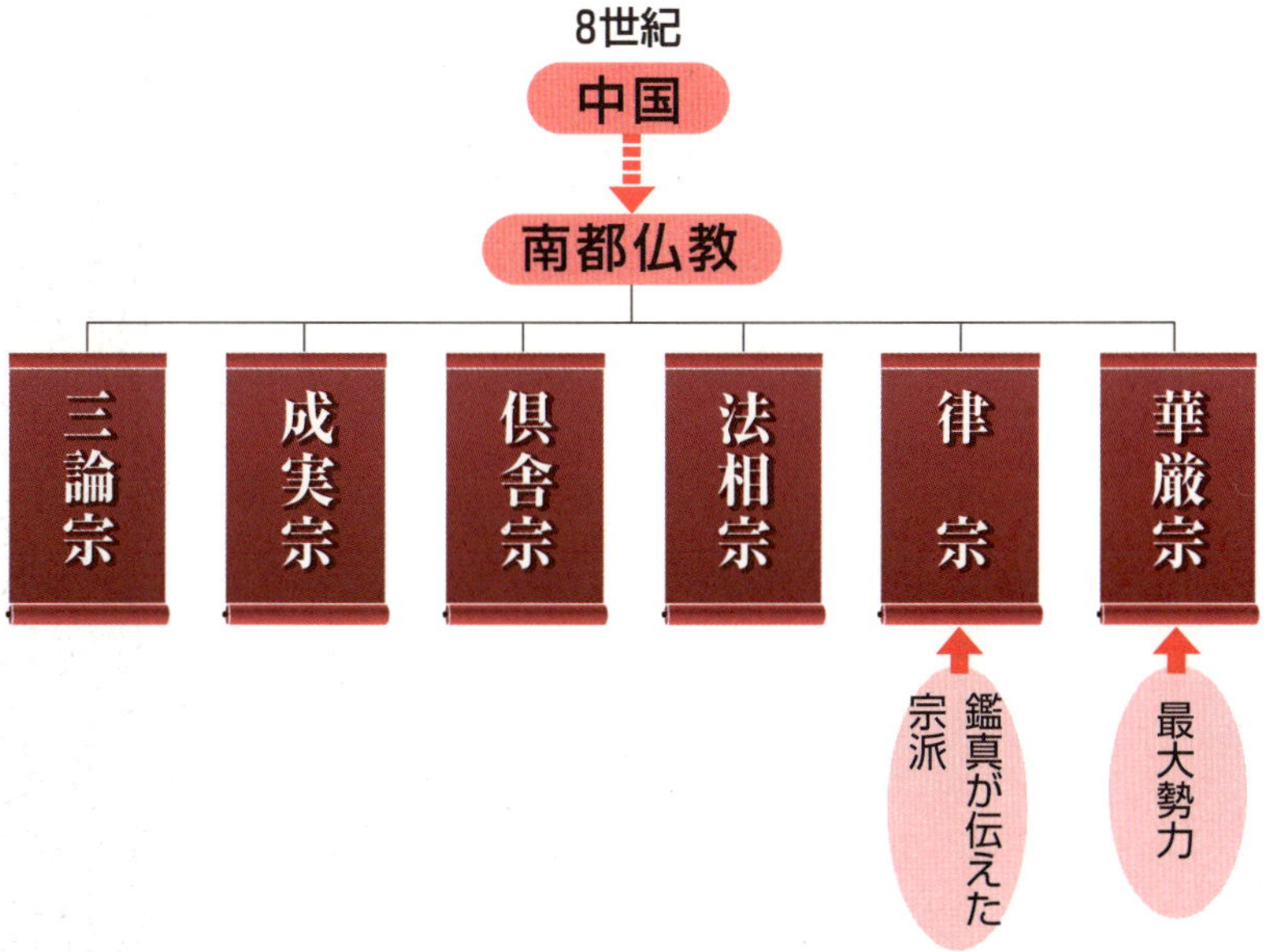

平安仏教――最澄と空海
新風を吹き込んだ二人の名僧

◎平安時代末期には末法思想が登場

平安時代になると、はじめて日本人によって開宗がなされる。その新しい宗派、天台宗と真言宗は既存の南都六宗から疎まれる存在だったが、着実に人々の間に浸透していくのだった。

初の日本人による開宗

奈良時代までの仏教の宗派といえば、中国からそのままもたらされたものだったが、平安時代に入ってはじめて日本人による開宗がなされるようになる。それが、最《さい》澄《ちょう》の天台宗《てんだいしゅう》と空海《くうかい》の真言宗《しんごんしゅう》である。

最澄は東大寺で具足戒を受けた国家公認の僧で、八〇四年に唐《とう》へ渡る。唐では天台山で天台教学を授かるほか、当時、唐で流行していた密教のひとつ、真言密教や禅、また戒律などを学び、多くの密教典籍を持ち帰った。

帰国後、最澄は比叡山《ひえいざん》に延暦《えんりゃく》寺《じ》を開いて、天台、密、禅、戒の四宗を融合した天台宗を興す。しかし、最新の仏教スタイルを取り入れた天台宗は、南都六宗《なんとろくしゅう》から非難される。とくに法相宗《ほっそうしゅう》の僧・徳一《とくいつ》は、天台宗が重視する法《ほ》華《け》経の一乗思想よりも自分たちの三乗思想のほうが正しいとして最澄に論争を挑む。これは三一権実《さんいちごんじつ》の論争と呼ばれ、二人が亡くなったあとも解決を見ていない。

このように、最澄と南都六宗との関係は悪化したままだったが、最澄没後は弟子たちによって着実に天台宗は定着、なかでも法華経信仰は日本仏教の根幹として大きな役割をはたすのである。

密教を大成させた空海

最澄と一緒に唐に渡った一人が空海だ。空海は無名の留学僧だったため、最澄よりも長い期間学んでから帰国の途につく。

空海が唐で学んできたことは密教の金剛界《こんごうかい》・胎蔵界《たいぞうかい》の秘法で、密教に必要な経典や法具を多数持ち帰ってきたといわれる。帰国後は嵯峨《さが》天皇や貴族たちから篤《あつ》い信仰と信頼を得て、八一六年、四十三歳の時に高野山に金剛峰寺《こんごうぶじ》を開き、真言宗を興す。

空海の教えの中心は、密教の即《そく》身成仏《しんじょうぶつ》だった。これは、大日如来と一体となって修行すれば仏になることができるというものである。

また、空海は満濃池《まんのういけ》の改修工事を指揮したり、庶民の子供たちのために綜芸種智院《しゅげいしゅちいん》という学校を開設するなど、社会活動にも熱心だった。亡きあとには弘法大師《こうぼうだいし》とい

三大宗教用語の
基礎知識

【具足戒】
伝統的で正統的な僧侶となるために授けられる戒律。

【一乗思想】
教えは誰にでもあてはまる一元的なものという思想。対して三乗思想とは、人間の能力は三段階ほど差があるから、それぞれにあった教えを説くべきだとする思想。

【満濃池】
現在の香川県にある日本最大の農業用ため池。

う諡号《しごう》が贈られ、現在も大師様として親しまれている。

平安末期に起こった末法思想

天台宗、真言宗の僧の間では、熊野や金峰山《きんぷせん》、大峰山などで修行する人が増え、古来の山岳信仰と密教などが結びついて、修験道《しゅげんどう》が成立した。

そうした熱心な修行僧が現れる一方で、貴族や庶民の間に「末法《まっぽう》思想」が流行する。これは、ブッダの没後千年を正法《しょうほう》、次の千年を像法《ぞうほう》、次の一万年を末法とする仏教の歴史観である。正法は正しい仏教が伝えられ、像法は教えは残っているが修行しても効果がなかなか得られず、末法は教えだけで、修行する者もなく、効果もない時代である。その後は仏教の教えはすたれ破壊、天災地異、戦争など苦しい時代がくるという。

その末法入りの年が一〇五二年にあたり、平安末期の人々は仏教やこの世に対して危機意識を抱くようになったのだ。

最澄、空海が日本にもたらしたもの

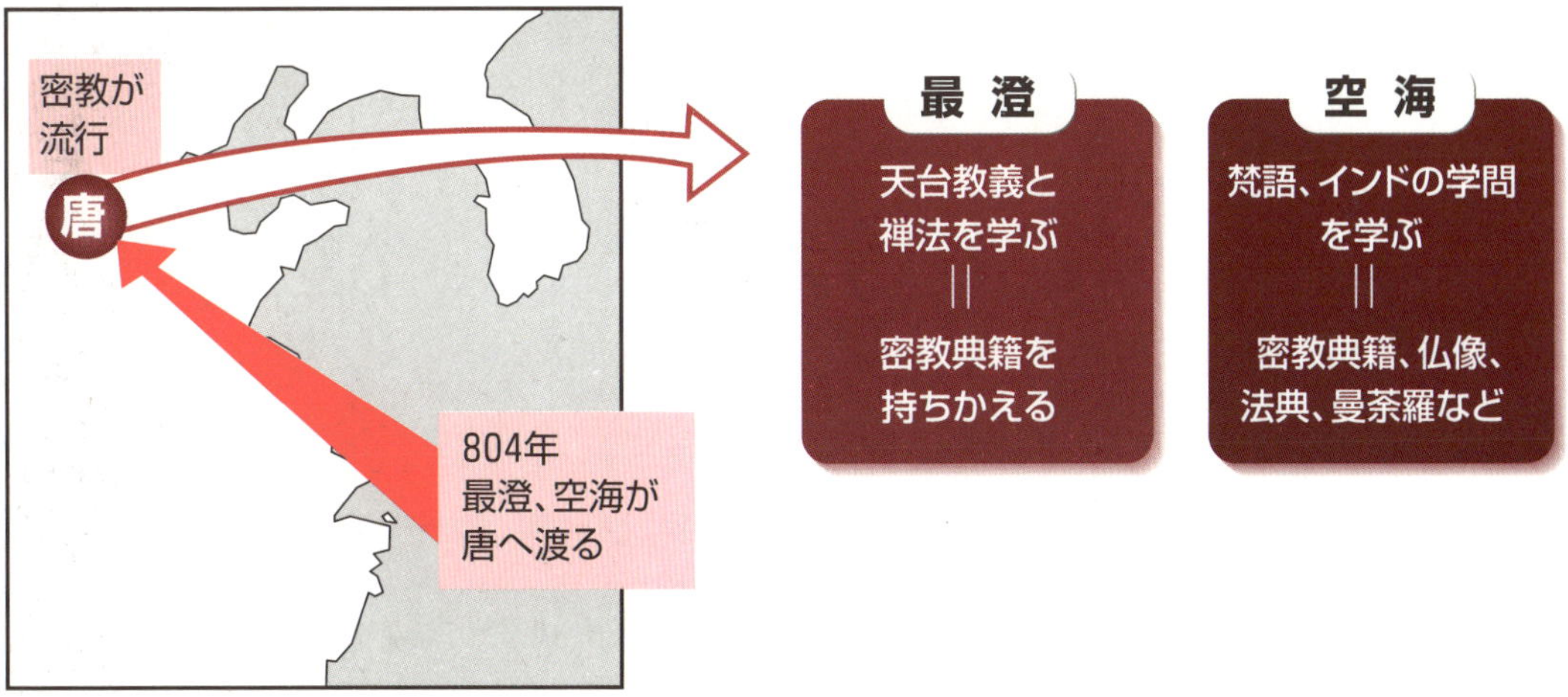

密教が流行
唐
804年
最澄、空海が
唐へ渡る
最澄
天台教義と
禅法を学ぶ
||
密教典籍を
持ちかえる
空海
梵語、インドの学問
を学ぶ
||
密教典籍、仏像、
法典、曼荼羅など

唐から帰国後の活躍

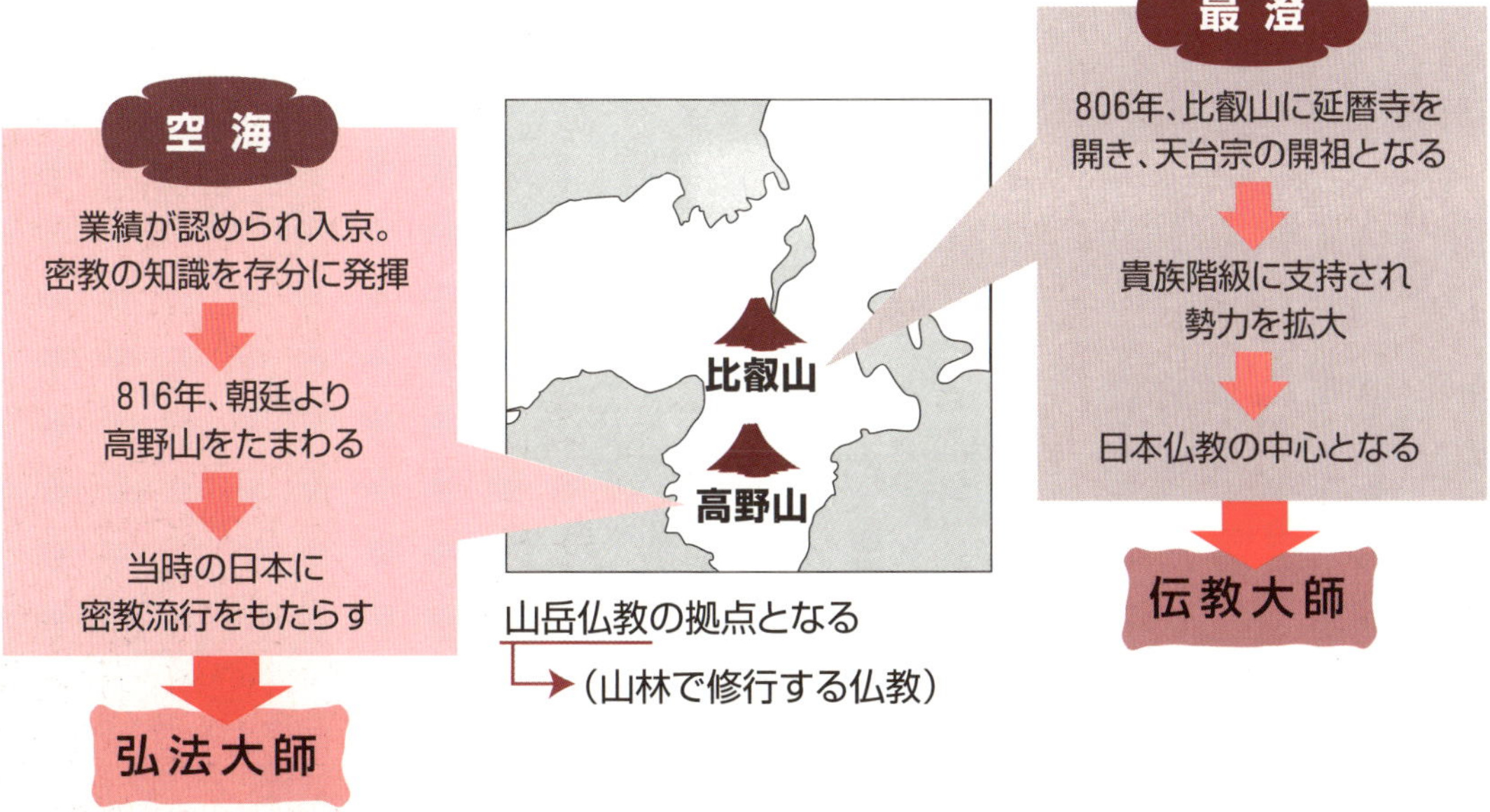

空海
業績が認められ入京。
密教の知識を存分に発揮
816年、朝廷より
高野山をたまわる
当時の日本に
密教流行をもたらす
弘法大師
比叡山
高野山
山岳仏教の拠点となる
（山林で修行する仏教）
最澄
806年、比叡山に延暦寺を
開き、天台宗の開祖となる
貴族階級に支持され
勢力を拡大
日本仏教の中心となる
伝教大師

鎌倉時代に生まれた仏教

末法思想の払拭と新しい宗派

◎鎌倉時代は宗派誕生のブームだった

鎌倉時代に入ると、庶民に支持された宗派、武士に広まった宗派、またそれらを批判した宗派などさまざまな宗派が登場する。こうして、日本仏教の基礎が固められていくのだった。

広く民衆に支持された念仏宗

平安時代末期、貴族や庶民たちの間で仏教衰退の思想、すなわち末法《まっぽう》思想が強まったが、鎌倉時代に入るとそれも払拭《ふっしょく》される。なぜなら、優れた僧による新しい宗派が次々と登場してきたからだ。

その代表的なものに、融通念仏《ゆうずうねんぶつ》宗《しゅう》、浄土宗《じょうどしゅう》、浄土真宗《じょうどしんしゅう》、時宗《じしゅう》の浄土系四宗や禅宗《ぜんしゅう》、日蓮宗《にちれんしゅう》などがあげられる。

融通念仏宗は良忍《りょうにん》によって一一一七年に開宗された。一人の念仏は万人の念仏に通じ、また万人の念仏は一人の念仏に集約されるという教えである。毎朝、西に向かって念仏を十回唱えることが日課とされている。

浄土宗は、厳しい修行もなく、「南無阿弥陀仏《なむあみだぶつ》」と唱えるだけで誰でも救われるという教えで、またたく間に民衆に広がった。開祖である法然《ほうねん》の名声が高まるにつれ、ほかの仏教教団から反発を受け迫害されるが、法然没後もその勢いは衰えることなく、多くの門弟が布教に活躍する。

その法然の弟子、親鸞《しんらん》が開いたのが浄土真宗である。親鸞は、阿弥陀仏を信じるだけで救われると説き、「悪人正機《あくにんしょうき》」という思想を打ち出した。また、結婚して子供をもうけた僧としても有名である。

親鸞同様、法然の弟子だった一遍《いっぺん》は、信仰のあるなしにかかわらず「南無阿弥陀仏」を唱えれば往生できるという時宗を開き、全国を遊行《ゆぎょう》して教えを広めていった。鉦《かね》や太鼓を打ち鳴らして念仏を唱えるという念仏踊りは、盆踊りの起源ともいわれる。

武士たちに受け入れられた禅

鎌倉時代、武士たちに広く支持されたのが禅である。その禅宗の代表的な宗派が、栄西《えいさい》の臨済宗《りんざいしゅう》と道元《どうげん》の曹洞宗《そうとうしゅう》だ。

栄西は二回にわたって宋《そう》に留学、臨済禅を学び、帰国後は九州、鎌倉、京都で布教活動を行なう。臨済宗は座禅によって人間性を目覚めさせ、また日常のすべてが修行であるとして作務《さむ》（日々の労働）を奨励した。

道元もまた宋に渡り、曹洞宗の禅を伝える如浄《にょじょう》に学ぶ。帰国後は

三大宗教用語の

基礎知識

【悪人正機】
善人よりも悪人のほうが当然、往生できるという考え。なぜなら、善人は自分の力で成仏しようとするが、悪人は他力本願で成仏しようとし、阿弥陀仏が真から救いたいのは他力本願を信じる悪人のほうだからである。

【念仏無間、禅天魔、真言亡国、律国賊】
念仏は無間地獄に堕ちる教え、禅は天魔の教え、真言は国を亡ぼすもの、律は国家に害を与えるもの、の意。

京都で布教活動を行なうが、旧仏教教団から圧力を受け、越前に移って永平寺《えいへいじ》を開き、ここを活動の拠点とする。道元の曹洞宗は、ひたすら座禅を行なう姿こそが仏であるという教えである。

他宗教を批判した日蓮宗

「念仏無間《むげん》、禅天魔、真言亡国、律国賊」と、ほかの宗派を批判し、ひたすら「南無妙法蓮華経《なむみょうほうれんげきょう》」と唱えていなければ現世でも救われないと説いたのが日蓮宗の日蓮である。

日蓮はとりわけ念仏信仰を非難したが、対して鎌倉幕府は日蓮宗こそ邪宗だとして弾圧。日蓮は佐渡へ流罪となる。日蓮の教えは激しいものだったが、とくに関東では受け入れられ、日蓮没後は数々の分派が誕生する。

こうして平安時代、鎌倉時代に誕生・確立した宗派に、江戸時代にもたらされた黄檗宗《おうばくしゅう》を加えた十三宗は、現代にも受け継がれている。

宋より伝わった禅宗

臨済宗		曹洞宗
栄西	開祖	道元
中国臨済宗の流れをくむ、黄龍派の禅を学ぶ	系譜	中国曹洞宗の禅を伝える如浄に弟子入り
建仁寺	開山	永平寺
看話禅	修行法	黙照禅（只管打坐）

↓

武士に広く受け入れられ発展

禅宗の特色

不立文字《ふりゅうもんじ》　禅の悟りは文字に書かれた経典によらず、師の心から弟子の心へと直接伝えられるべきである

教外別伝《きょうげべつでん》　仏教の真実の教えは経典や文字、言語によらず、人の心を通じて直接伝えるべき

直指人心《じきしにんしん》　「月を指す指にとらわれず、月そのものに気づく」思考・分析をこえた自己の本心をさとる

見性成仏《けんしょうじょうぶつ》　直指人心によって仏性を見出し、自分自身が仏であったことを見出す

↓

ブッダの心を直接的に会得する

念仏と題目
短い言葉を唱えるだけで救われる

◎「南無阿弥陀仏」と「南無妙法蓮華経」の違い

浄土教系の「南無阿弥陀仏」、日蓮系・法華経系の「南無妙法蓮華経」。いずれも、その言葉を唱えるだけで救われるという簡単な教えだったため、またたく間に庶民の間に浸透していった。

働きながら唱えられる「南無阿弥陀仏」

よく知られている仏教用語に「南無阿弥陀仏《なむあみだぶつ》」と「南無妙法蓮華経《なむみょうほうれんげきょう》」がある。この二つの違いはいったいなんであろうか。

「南無阿弥陀仏」は念仏とも呼ばれ、浄土教系の宗派で唱える文句のことである。念仏とはひと言でいうと、仏を念ずるという意味である。

融通念仏宗《ゆうずうねんぶつしゅう》では毎日朝、浄土《じょうど》宗《しゅう》では毎日、浄土真宗《じょうどしんしゅう》や時宗《じしゅう》ではとくに回数などには決まりなく唱えるとされている。

南無とは帰依《きえ》するという意味で、阿弥陀仏とはサンスクリット語で「限りない寿命を持った仏、限りない光に包まれた仏」という意味である。

その阿弥陀仏は極楽浄土を作り、「南無阿弥陀仏と念ずれば迎えに行って極楽に往生させる」といった誓願を立てている。

鎌倉時代、下層階級者でも働きながら唱えることができるとして、浄土教は大流行したのである。

念仏を唱える際の心構え

ただし、念仏もただ唱えればよいというものではなかった。浄土宗を開宗した法然《ほうねん》は、念仏を唱える時に必要な心構え「三心四修」を書き残している。

三心とは、真心を込める、信じて疑わない、ほかの人にも念仏の功徳《くどく》を伝えることを指す。四修とは敬虔《けいけん》な心で念仏を唱え、死ぬまで続け、念仏以外のことはせず、休まず煩悩《ぼんのう》にとらわれず唱えることをいう。

また、人々にわかりやすく教えを説くために、時宗を開いた一遍《いっぺん》は念仏を唱えながら踊りを踊り、また念仏札を配り歩いたという。

この念仏踊りは、すでに救われることが決まっているという喜びをかみしめて念仏を唱えた結果、自然に生まれたものといわれている。

経典を読むのと同じ功徳がある題目

一方、「南無妙法蓮華経」は題目といって、日蓮《にちれん》系、法華《ほけ》経系の宗派が唱える祈りの句だ。題目と

三大宗教用語の
基礎知識

【南無妙法蓮華経】
「なむみょうほうれんげきょう」、「なんみょうほうれんげきょう」と、宗派によって読み方が異なる。

【鳩摩羅什】
インド出身の父と、亀茲国《きじこく》（西域のオアシス都市）の王女のもとに生まれる。母親と一緒に出家したと伝えられている。玄奘《げんじょう》とともに二大訳聖と称され、鳩摩羅什の訳経を旧訳、玄奘の訳経を新訳と呼ぶ。

は、ひと言でいうならお経の名前である。

「南無妙法蓮華経」とは、妙法蓮華経に帰依《きえ》するという意味で、中国の鳩摩羅什《くまらじゅう》が五世紀に漢訳した『法華経』のことを『妙法蓮華経』という。

また、『法華経』とは大乗仏教の経典『サッダルマ・プンダリーカ・スートラ』のことで、「正しい教えである白い蓮《はす》の花」という意味である。訳は十五ほどあったとされるが、とくにすぐれているのが鳩摩羅什のものだったという。

『法華経』に登場する仏は釈迦牟《しゃかむ》尼仏《にぶつ》といって、歴史上の釈迦、すなわちブッダのことではなく、すでに久遠《くおん》の過去に成仏を遂げた久遠本仏《ほんぶつ》のことをいう。つまり、「南無妙法蓮華経」とは、この久遠本仏に帰依するという意味なのである。

「南無妙法蓮華経」と唱えることと経典すべてを読むのは同じ功徳があるといわれ、念仏同様、手軽さから人々の間に急速に広まっていった。

「念」の種類と「念仏」の起源

「念仏」＝ブッダ・アヌ・スムリティの漢訳

仏の姿や功徳を心に思い浮かべること

十念修行法

- ①仏随念……「念仏」の起源
- ②法随念
- ③僧随念
- ④戒随念
- ⑤施随念
- ⑥天随念
- ⑦寂静随念
- ⑧念死
- ⑨念身
- ⑩入出息念

宗派により若干違うこともある

お題目「南無妙法蓮華経」の意味

南無 ― インドの「ナマスティ」「ナモー」を漢字の音に当てはめたもの ＝ 「その教えに帰依します」の意味

妙法蓮華経

南無妙法蓮華経 → 「妙法蓮華経」（法華経）というお経に説かれている教えに帰依します

仏様に自分の心を誓う言葉

Column

3

世界のさまざまな仏教

インドで発祥した仏教は、その後千年、二千年という時の流れとともにアジア各国へと広まり、現在ではアメリカやヨーロッパにも多くの信者を持つ。

とくに敬虔《けいけん》な仏教徒がいることで知られるのが東南アジアで、たとえばタイやラオスでは出家制度が設けられている。

また、謎に包まれた仏教として世界中から注目を浴びているのがチベット仏教だ。

チベット仏教の最高指導者をダライ・ラマと呼び、チベットを支配する法王も兼任している。現在のダライ・ラマは十四世で、チベット北東部の村落で誕生、二歳の時、ダライ・ラマと認定された。

ダライ・ラマ法王制度は選挙で選ばれるわけではなく、また世襲制でもない。代々、転生がキーワードとなって選ばれるのである。

その方法としては、まずダライ・ラマが亡くなると、次のダライ・ラマが誕生する地や特徴などを僧たちが予言することから始まる。聖なる湖からお告げがある場合もあるという。

そして、彼らは生まれ落ちたと思われる地へと赴き、乳幼児のなかから特徴の合う一人を選び出して前世の記憶を試すという。

それによって、ダライ・ラマの生まれ変わりかどうかを確認し、確認できたらダライ・ラマと認定する。確認できない場合は、確認できるまでずっと探しつづけることになるのだ。

そもそも、ダライ・ラマは観音菩薩《かんのんぼさつ》の生まれ変わりで、チベットの人々を救うためにこの世に舞い降りてきたと信じられている。

また、ダライ・ラマに次いで重要なポストに就いているパンチェン・ラマもまた転生するとされている。パンチェン・ラマは阿弥陀《あみだ》の化身と信じられているという。

こうした転生制度は、ほかの宗教には見られない、チベット仏教の大きな特徴である。

第4章 キリスト教を知る

旧約聖書と新約聖書
キリスト教徒の二つの〝聖典〟
◎二千年以上もの歳月をかけて完成した壮大な物語

天地創造、ノアの方舟などユダヤ人の神話にはじまりイエスと弟子の時代まで、『新旧約聖書』六十六巻には二千年以上もの長期にわたる神と人との契約が記されている。

いくつもの書からなる『聖書』

永遠のベストセラーといわれる『聖書』。だが、ひと言で聖書といってても、ひとつの書だけを指しているわけではない。

聖書には、イエス誕生以前に記された『旧約聖書』と、イエスの死後に記された『新約聖書』とがあり、両書がさらにいくつもの書で成り立っている。

『旧約聖書』はもともとユダヤ教の聖典であり、イスラム教でも啓典と位置づけられている。

ヘブライ語で書かれているため、ヘブライ語聖書ともいう。一方、キリスト教では『旧約聖書』のほか『新約聖書』も聖典とする。

旧約は神とユダヤ人との古い契約であり、新約はイエスを通して神がすべての人と結んだ新たな契約だと考えられている。

壮大な歴史を持つ『旧約聖書』

『旧約聖書』は三十九の書からなり、神の啓示やユダヤ人の歴史、神の民として正しく生きるための規範などが記されている。

なかでも最初の「創世記」「出エジプト記」「レビ記」「民数記」「申命記」の律法五巻は、「モーゼ五書」と呼ばれ、聖書の基本となっている。

そのほか、イスラエルの歴史を描いた「歴史書」が十二巻、教訓や祈りの言葉が記され「知恵文学」と呼ばれるものが五巻、預言者《よげんしゃ》の言葉などが綴《つづ》られた「預言書」が十七巻ある。

『旧約聖書』は口承が次第に文書化したもので、「創世記」に登場するアブラハムの時代などは紀元前二〇〇〇年代と非常に古い。

紀元一〇〇年ごろに「正典」が確定し、除外された書物は「外典」とされた。カトリックでは外典(続編ともいう)十巻が第二正典として加えられている。

紀元前三世紀から紀元二世紀にかけてギリシャ語訳聖書が作られ、これを「七十人訳聖書」(セプトゥアギンタ)と呼ぶ。

イエスの教えを記した『新約聖書』

一方の『新約聖書』は、キリス

三大宗教用語の
基礎知識

【創世記】
天地創造にはじまり、ノアの方舟《はこぶね》や、イスラエル民族の祖アブラハムの生涯などが描かれている。

【出エジプト記】
エジプトで虐げられていたイスラエルの民をモーゼが率いて、約束の地カナンを目指す物語。「レビ記」「民数記」「申命記」へと続く。「レビ記」は主にユダヤ人の律法や規定を記している。

ト教徒にとって中心的な意義を持つ書物である。

　紀元五〇年ごろからの約百年間で書かれたとされる。

　まず、イエスの生涯とその教えを記した「福音書」が四巻。そのうちマタイ、マルコ、ルカによる福音書は類似部分が多く、「共観福音書」と呼ばれる。

　もうひとつの「ヨハネによる福音書」は独立していて、ほかの福音書にはない特徴がある。そのほか、使徒たちの働きを描いた「使徒言行録」が一巻、パウロなど使徒たちが各地の教会へ宛《あ》てた「書簡」が二十一巻、「ヨハネの黙示録」といわれる「預言書」が一巻で、計二十七巻の正典からなる。

　また、カトリックにおいて規範的な聖書とされたラテン語訳の聖書「ウルガタ訳」は、四〇五年ごろに完成。これが各国語訳の定本となる。

　やがて十六世紀にはドイツ語訳や英語訳の聖書が出版されて、世界各地で広く読まれるようになっていく。

聖書の成り立ち

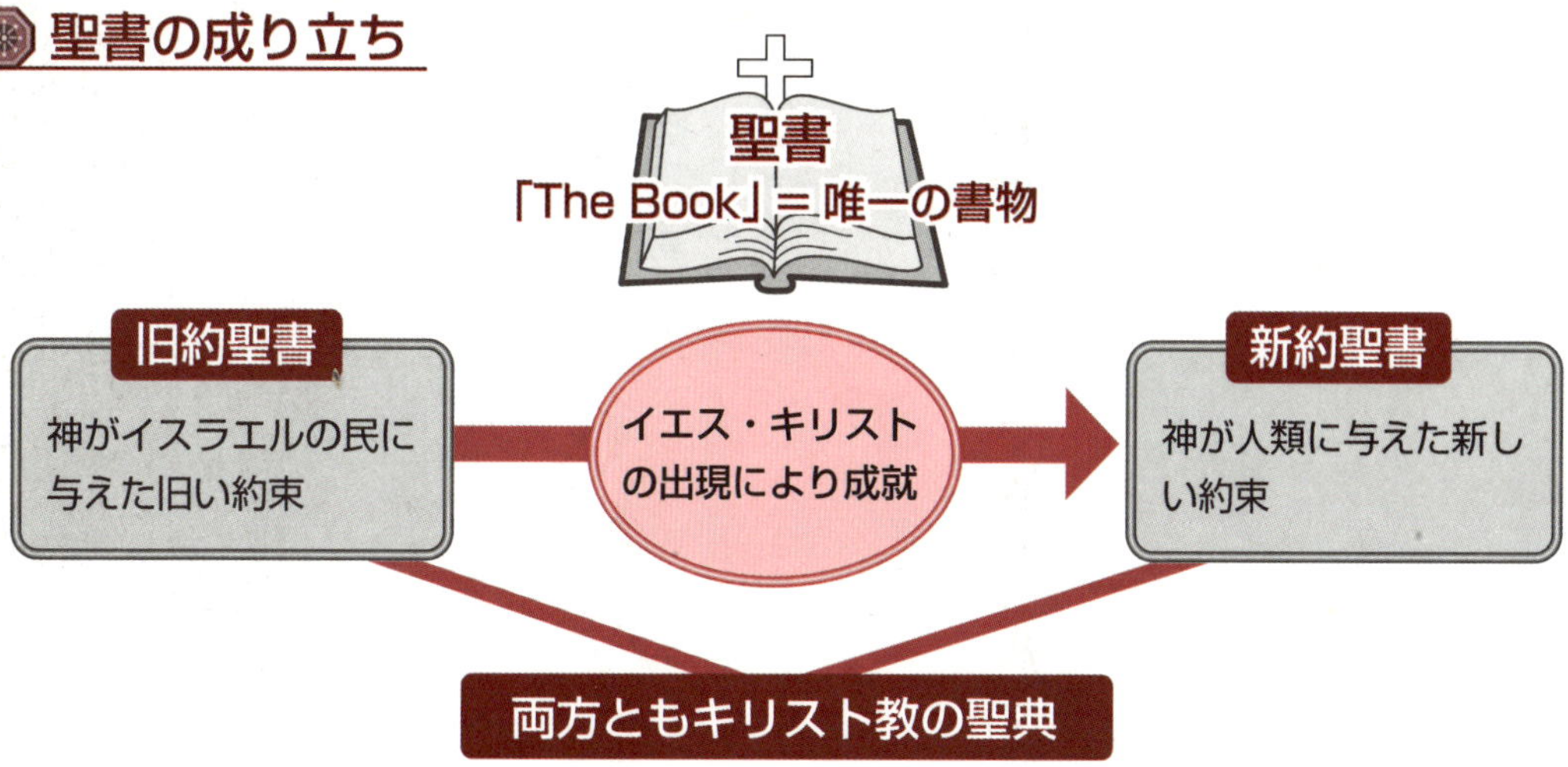
聖書
「The Book」＝唯一の書物
旧約聖書
神がイスラエルの民に与えた旧い約束
イエス・キリストの出現により成就
新約聖書
神が人類に与えた新しい約束
両方ともキリスト教の聖典

旧約聖書と新約聖書の構成

旧約聖書：天地創造からイエスの誕生以前の世界、ユダヤ人の物語を収録

- 律法の書（5巻）：創世記／出エジプト記／レビ記／民数記／申命記
- 知恵文学（5巻）：ヨブ記／詩篇／箴言／コヘレトの言葉／雅歌
- 歴史書（12巻）：ヨシュア記／士師記／ルツ記／サムエル記（上・下）／列王記（上・下）／歴代誌（上・下）／エズラ記／ネヘミア記／エステル記
- 預言書（17巻）：イザヤ書／エレミア書／哀歌／エゼキエル書／ダニエル書／ホセア書／ヨエル書／アモス書／オバデヤ書／ヨナ書／ミカ書／ナホム書／ハバクク書／ゼファニヤ書／ハガイ書／ゼカリヤ書／マラキ書

新約聖書：イエスの生涯、教会の教えなどを収録

- 福音書（4巻）：マタイによる福音書／マルコによる福音書／ルカによる福音書／ヨハネによる福音書
- 歴史書（1巻）：使徒言行録
- 書簡（21巻）：パウロの書簡（13巻）／公同書簡（8巻）
- 預言書（1巻）：ヨハネの黙示録

教会の東西分裂
東方教会と西方教会の誕生
◎対立の末、東西に分裂したカトリック教会

ローマを中心とする西方教会とコンスタンティノープルを中心とする東方教会の二大勢力は、首位権争いや聖像崇拝論争などで激しく対立。両者の溝は次第に深まっていく。

ローマ帝国の東西分裂

歴代ローマ皇帝にとって、広大なローマ帝国の統一は非常な難問だった。コンスタンティヌス帝がキリスト教を公認したのも、帝国統一のための政治的意図だったといわれる。

そのうち解体を防ぐことはもはや不可能な状況となり、三九五年、テオドシウス帝はローマ帝国を東西に二分。ここに西ローマ帝国と東ローマ帝国（ビザンツ帝国）が誕生する。

このうち、コンスタンティノープルを都とする東ローマ帝国は一四五三年まで続いたが、ローマを都とする西ローマ帝国は弱体で四七六年に滅亡した。

ローマ・カトリック教会の発展

やがて、旧西ローマ帝国領内でもっとも強大となったフランク王国とともに、勢力を伸ばしていったのが、ローマを中心とした西方教会である。

ローマ・カトリック教会は六世紀末以降、ゲルマン人に盛んに布教を行なって大きな勢力となり、五本山のひとつである東方のコンスタンティノープル教会と首位権を争った。

また、ローマはペテロの殉教《じゅんきょう》の地でもあるため、ローマ教会の司教はペテロの後継者として「教皇」と呼ばれるようになり、その権威を高めていく。

七五四年にはフランク国王ピピンから土地を献上されて、教皇領が誕生。八〇〇年には教皇がフランク国王カール一世（大帝）に帝冠を授けて、西ローマ帝国の復興を宣言する。

これにより教皇は、世俗権力に対する教皇権の優位を示し、ローマ・カトリック教会が東ローマ皇帝への従属から独立していることを示したのである。

その後、ローマ・カトリック教会は世俗権力と協調や対立をしながら勢力を拡大。十三世紀に最盛期を迎えたが、王権が強大になるにつれ、教皇権も衰微した。

東欧へ広がった東方正教会

一方の東ローマ帝国では皇帝教

三大宗教用語の基礎知識

【五本山】
ローマ、コンスタンティノープル、アレクサンドリア、アンティオキア、エルサレムの五総主教座のこと。

【イコン】
キリストや聖母、聖人を描いた平板画。イコン崇拝には賛否両論があり、皇帝の命で破壊されたこともあったが、のちに公認され、教会以外に家庭でも用いられた。

皇主義をとり、皇帝が教会を支配下において政教両権を掌握。ローマ・カトリック教会に対して東方正教会（ギリシャ正教会）と呼ばれる。

十一世紀にはローマ・カトリック教会と互いに破門しあって完全に分裂するが、その大きなきっかけは七二六年に東ローマ皇帝レオ三世が「聖像禁止令」を発布したことだ。

これに対しローマ・カトリック教会から大反発が起こって、両者は激しく対立。もともとあった東西両教会の亀裂《きれつ》はさらに深まり、一〇五四年、ついに決定的に分裂したのである。

東方正教会は、東ローマ皇帝とコンスタンティノープル総主教のもと、東ヨーロッパを中心に広がり、各国で正教会を形成していった。

東ローマ帝国がイスラム勢力の侵攻で滅亡すると、その後はロシア正教会がその中心的役割を果たしていった。

東方正教会の特徴としては、イコンへの崇拝があげられる。

キリスト教の成立～東西分裂

B.C.4年ごろ
ベツレヘム（現パレスチナ）にイエス誕生

28年ごろ
イエスが布教を始める

30年ごろ
イエスが処刑される
ユダヤ人国家を支配していたローマ帝国の弾圧を受けながらも、弟子たちが布教をつづける
← イエスの復活を信じてイエスを救世主とする信仰が誕生
原始キリスト教の成立

380年
ローマ皇帝自らがキリスト教徒になり、ローマ帝国の国教となる
カトリック教会

395年
ローマ帝国東西に分裂
東のコンスタンティノープル（東方教会）西のローマ（西方教会）の首位争いが続く

1054年
キリスト教の東西分裂
東は東方正教会
西はローマ・カトリック教会として独自に発展していく

キリスト教の成立～東西分裂

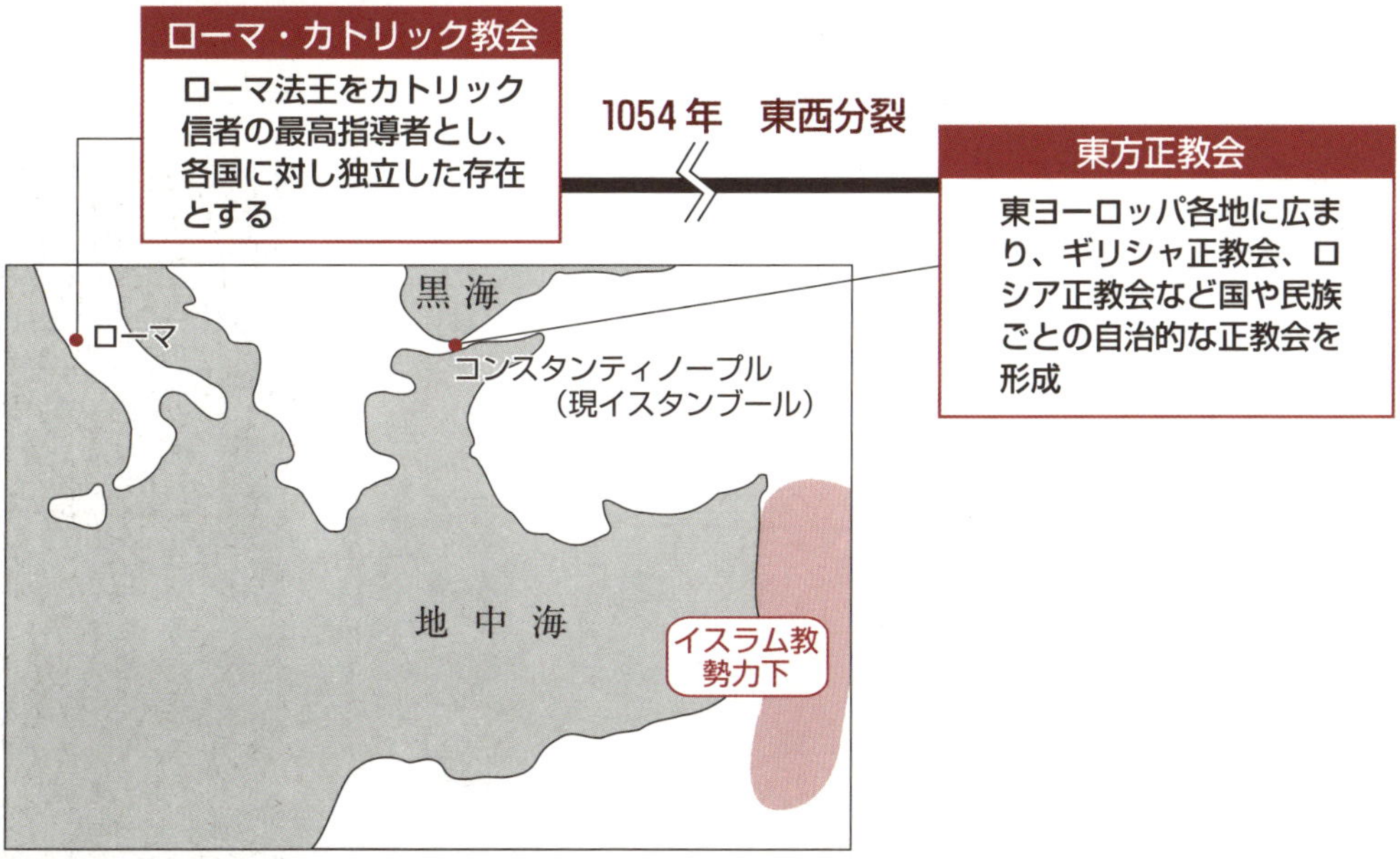
ローマ・カトリック教会
ローマ法王をカトリック信者の最高指導者とし、各国に対し独立した存在とする
1054年　東西分裂
東方正教会
東ヨーロッパ各地に広まり、ギリシャ正教会、ロシア正教会など国や民族ごとの自治的な正教会を形成
黒海
ローマ
コンスタンティノープル
（現イスタンブール）
地中海
イスラム教勢力下

十字軍遠征
現代にも影を落とす、かつての〝蛮行〟

◎聖地奪回を名目にした、キリスト教のイスラム教への攻撃

聖地エルサレムを巡って始まった十字軍の遠征。イスラム教への激しい攻撃がイスラム教側の結束を強める一方、キリスト教側はさまざまな思惑が交錯して次第に宗教的意義を失っていく。

イスラム教徒の聖地支配

キリスト教、ユダヤ教、イスラム教の聖地エルサレム。この地をイスラム教徒の支配から奪い返そうと、キリスト教世界が行なったのが十字軍の遠征だ。

当時、エルサレムを支配していたのはトルコ人のセルジューク朝だった。遠征のきっかけは、このセルジューク朝が聖地巡礼に訪れるキリスト教徒を迫害したからだとされる。

キリスト教側は安全に聖地巡礼をできる自由を取り戻す必要があるとし、セルジューク朝の小アジア進出に悩んだ東ローマ皇帝からの要請もあって十字軍の派遣を決める。

くわえて、これには政治的な思惑も介在していたとされる。

当時のキリスト教社会は聖職者の堕落や政権の弱体など、さまざまな不安要素を抱えていたため、そうしたキリスト教社会をまとめるには「聖地奪回」という、宗教的な大義がなにより効果的だったのである。

第一回十字軍とエルサレム王国

いずれにしろローマ教皇ウルバヌス二世の呼びかけに応じ、一〇九六年にはフランス諸侯を中心に第一回十字軍が出発。

一〇九九年にエルサレムに到着し一カ月以上の攻防の末、城内に入って聖地を占領した。

教皇が十字軍のために戦う者はすべて免罪されるとしていたことも士気を煽《あお》ったのだろう。

この時のキリスト教徒の異教徒への敵対心は凄《すさ》まじく、聖戦の名のもとに、女性や子供を含め、何万人ものイスラム教徒やユダヤ教徒が虐殺《ぎゃくさつ》されたという。

占領後、キリスト教側は聖墳墓教会の大改修工事を行ない、聖地確保のため、エルサレム王国を建国した。

次第に宗教性を失った十字軍

だが、これに対してイスラム教側は逆に結束を強めて対抗。十字軍の遠征は百七十年以上にもわたって続くことになる。

その間、エルサレム王国は一一

三大宗教用語の基礎知識

【セルジューク朝】
イスラム系遊牧民族として中央アジアにおこる。西アジア一帯を制圧し、一〇七一年にエルサレムを占領。

【サラディン】
一一七一年にアイユーブ朝を建てる。エルサレム王国を滅ぼし、第三回十字軍と戦った。

【ラテン帝国】
第四回十字軍が建てたヴェネツィアの植民国家。東ローマ帝国の反撃で滅亡。

八七年にエジプトのサラディンに滅ぼされ、聖地は再びイスラム教徒の手に渡る。キリスト教側は回復を試みるが、これはいずれも失敗に終わった。

　というのも、十字軍の遠征は大規模なもので七～八回あったが、聖地奪回という信仰心に基づいた目的が次第に薄れていったのだ。

　そこには教皇の政治的野心や諸侯らの領土獲得の狙《ねら》い、商人の利権問題などが複雑に絡んでいたのである。

　第四回十字軍に至っては、ヴェネツィア商人の要求で同じキリスト教圏のコンスタンティノープルを占領。ラテン帝国を建てるなどしている。

　こうして宗教性が放棄されていくなかで聖地奪回の大目的は達成されず、十字軍の遠征は幕を閉じる。これは教皇権の衰退を招く要因のひとつともなる。

　十字軍の蛮行に関しては二〇〇〇年、教皇ヨハネ・パウロ二世がその過《あやま》ちをはじめて認め、イスラム教徒へ謝罪している。

十字軍結成の経緯

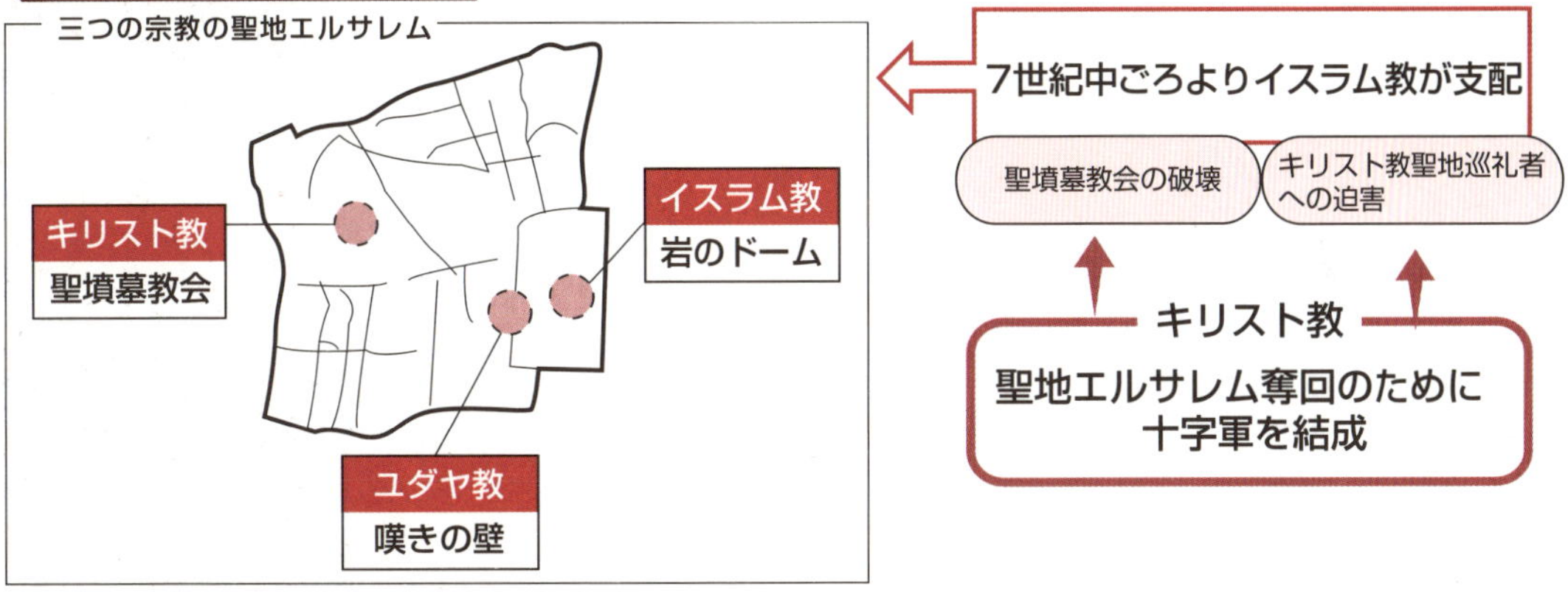

十字軍遠征の開始から終結まで

第1回十字軍（1096～99）	
ローマ教皇ウルバヌス2世によって結成 フランス王侯騎士を主力とする組織的十字軍が、聖地奪回に成功	エルサレム王国創設
第2回十字軍（1147～49）	
失敗に終わる	
第3回十字軍（1189～92）	
ドイツ皇帝、フランス王、イギリス王らにより結成。 サラディンと戦うが聖地奪還は果たせず、イギリス王とサラディンとの間で3年間の和約が結ばれ終結	
第4回十字軍（1202～04）	
海上輸送を担当したヴェネツィアが、商業圏の拡大を目的にコンスタンティノープルを占領し、ラテン帝国を樹立。宗教的目的が薄れる	
第5回十字軍（1217～21）	
イスラムの本拠地・エジプトを攻めるが失敗に終わる	
第6回十字軍（1228～29）	
イスラムとの間で10年間の聖地占有協定を成立させる	
1244年　聖地エルサレムを再びイスラムに占領される	
第7回十字軍（1248～54）　第8回十字軍（1270）	
いずれも失敗に終わり、聖地はイスラムの占有の地となる	
1291年　十字軍終結	エルサレム王国消滅

宗教裁判と魔女狩り
中世を吹き荒れた異端への弾圧
◎異端者や魔女とみなされた人への激しい弾圧

国教として認められたキリスト教はその後、正統以外の教派を異端として厳しく弾圧。異端者には拷問や処刑が行なわれ、やがてはおびただしい犠牲者を出す魔女狩りへと発展していった。

異教徒以上に敵視された異端者

宗教裁判は「異端者」を発見して処罰するためにカトリック教会が設けた裁判である。

異端者とはキリスト教の「正統」以外の説を奉じる者のことで、異教徒とは異なる。

キリスト教が公認されて以降、教義については公会議などでたびたび論議が行なわれ、異端とみなされた説は退けられていったのだ。異端者は反キリスト教的だとして正統派から異教徒以上に敵視された。

十二世紀以降、カタリ派の影響が大きくなると、異端審問に関する法律も成文化されていき、十三世紀には「異端審問所」が設置されていく。

厳しい取り締まりが始まり、宗教改革期には新旧両派とも、異端への弾圧をさらに強化した。

吹き荒れた異端審問の嵐

宗教裁判は十六世紀から十七世紀に最盛となり、プロテスタント国でも行なわれたが、とくにカトリックのローマやスペインでは、激しい異端審問の嵐が吹き荒れた。

異端とされた人は、自白するか他の人を密告するまで繰り返し拷《ごう》問《もん》にかけられ、その末、自白すると火刑に処せられた。

なかでもスペインでは、異端審問所が国家の道具となって猛威を振るい、おびただしい処刑者を出すという悲劇が起こる。

当時のスペインはキリスト教に改宗したイスラム教徒やユダヤ教徒が多く、異端の疑いがある彼らは国家の安定の妨げになると考えられたのだ。

ローマでは、十七世紀に天文学者のガリレオ・ガリレイが地動説はキリスト教に反するとして宗教裁判にかけられ、地動説を捨てると宣誓させられている。

魔女狩りの猛威

異端審問の変質したものとして、同じく宗教改革期から近代にかけてヨーロッパや北アメリカに吹き荒れたのが「魔女狩り」の猛威である。

魔女とは魔術を用い、悪魔と交

三大宗教用語の
基礎知識

【カタリ派】
アルビ派とも呼ばれる。マニ教の流れを汲《く》み、物質的・肉体的なものを悪として禁欲を慣行。一二〇九年、教皇の要請で結成された「アルビジョア十字軍」により大虐殺される。

【魔女の鉄槌】
ドイツのふたりの修道士が一四八七年に刊行。魔女の定義や魔女裁判の方法が述べられており、魔女狩りの教本となる。

流するとして人々に恐れられた存在である。大半が女性だが男性も含まれる。

魔女狩りはもともと中世から始まり、十四世紀にはローマ教皇ヨハネス二十二世が「魔女狩り解禁令」を出している。

そのうえ、十五世紀に『魔女の鉄槌《てっつい》』という魔女の脅威をあおる書物が刊行されたことにより、拍車がかけられていく。

やがて宗教改革期にはいると、魔女狩りはより組織的に行なわれるようになる。

魔女だと密告された被疑者は、おぞましい拷問により自白を強要され、自白すると容赦《ようしゃ》なく火刑に処せられたのである。

根も葉もない噂や、体に変わった形の痣《あざ》があるからと魔女に断定された人、狡猾《こうかつ》な謀略で告発された人も多い。犠牲者は数十万人ともいわれる。

あのジャンヌ・ダルクも魔女として火刑にされたひとりだ。

魔女狩りは十八世紀にはいって、徐々に下火になっていった。

魔女狩りの起こり

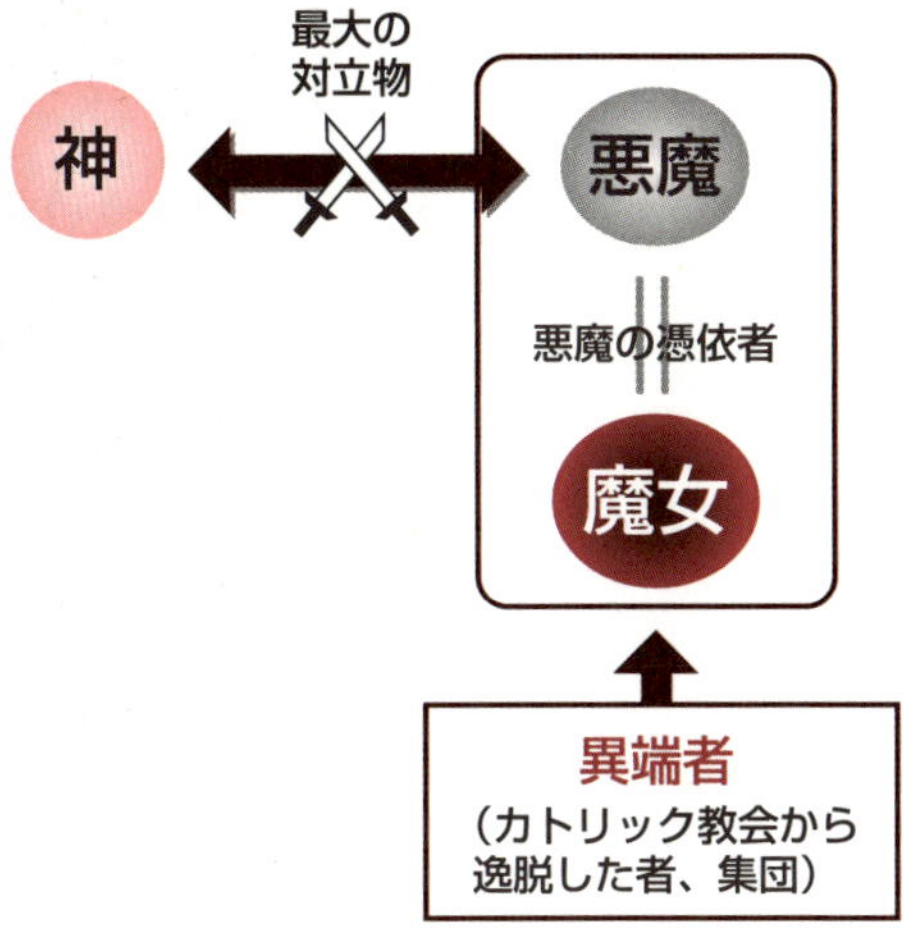
最大の
対立物
神
悪魔
悪魔の憑依者
魔女
異端者
（カトリック教会から
逸脱した者、集団）

<魔女狩りの要因>

- 女性に対する恐怖、敵意
- 悪魔、悪霊信仰

<悪魔による災い>

- 雨や嵐を起こす
- 人間と性交し化物を生ませる
- 女性を不妊にし、流産を起こす
- 凶作をまねき、家畜を殺す
- ペストなどの疫病を流行させる

魔女狩りの解禁と拡大

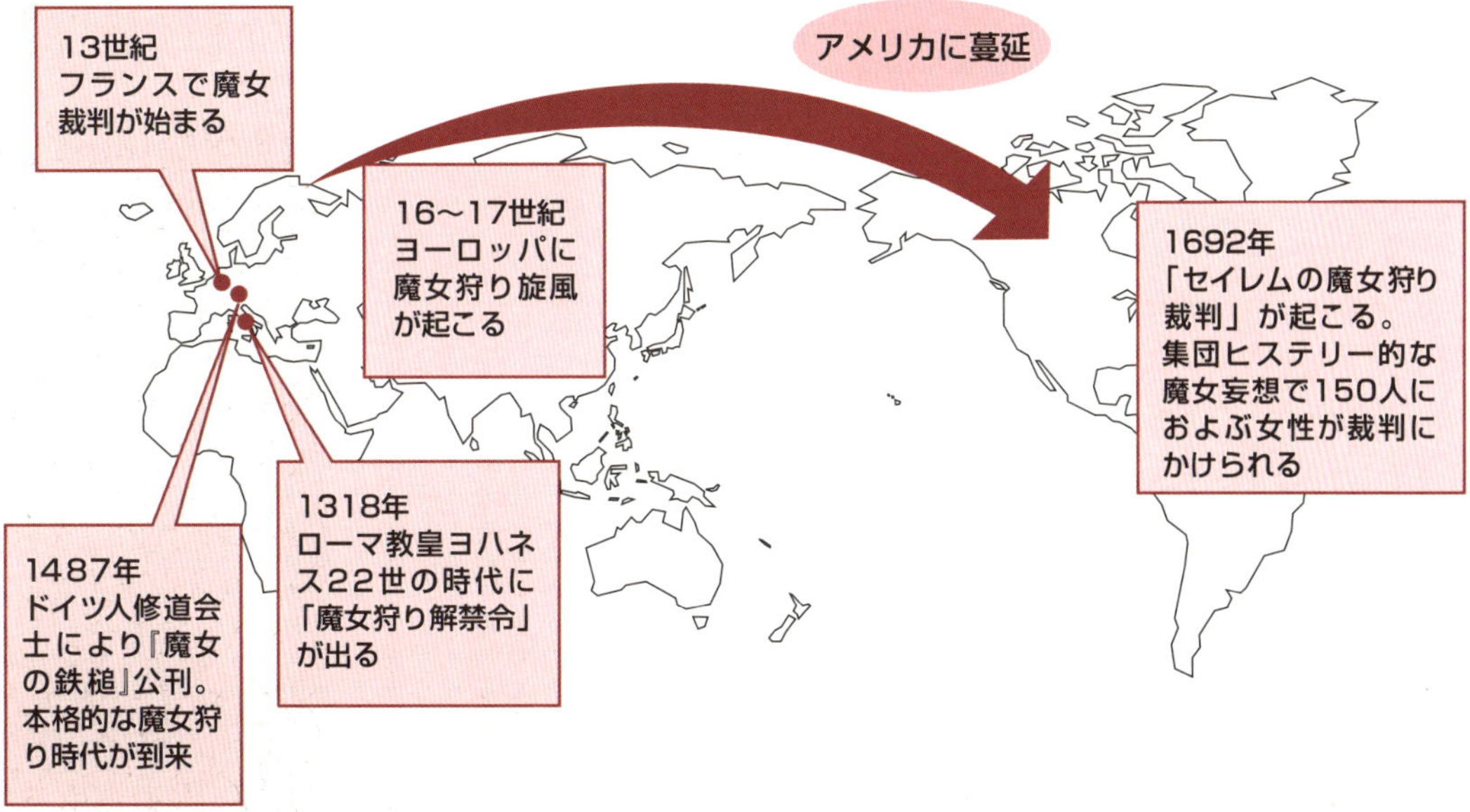
13世紀
フランスで魔女
裁判が始まる
アメリカに蔓延
16～17世紀
ヨーロッパに
魔女狩り旋風
が起こる
1692年
「セイレムの魔女狩り
裁判」が起こる。
集団ヒステリー的な
魔女妄想で150人に
およぶ女性が裁判に
かけられる
1318年
ローマ教皇ヨハネ
ス22世の時代に
「魔女狩り解禁令」
が出る
1487年
ドイツ人修道会
士により『魔女
の鉄槌』公刊。
本格的な魔女狩
り時代が到来

宗教改革

大いなる激動をもたらした変革

◎各地へ広まっていったキリスト教の改革運動

カトリック教会への批判はルターの登場で宗教改革へと発展し、やがてはカルヴァンらに引き継がれて、プロテスタントというキリスト教の大きな勢力を生み出していくことになる。

大きな流れに発展したカトリックへの批判

十六世紀初頭、マルティン・ルターの登場により、キリスト教社会は大きな変革の時期を迎えることになる。

すでにカトリック教会への批判は十四世紀からウィクリフやフスらによって行なわれていたが、それがルターにより宗教改革という大きな流れに発展したのだ。

事の発端は教会の贖宥状《しょくゆうじょう》（免罪符《めんざいふ》）の発行にある。当時、教会は財源の一部として贖宥状をたびたび販売していた。

これに対し、ルターは、「贖宥状と魂の救済は無関係」だとして、一五一七年に『九十五箇条の論題』を発表。贖宥状の悪弊を批判したのである。

彼は、人は善行ではなく信仰によってのみ魂を救われるという「信仰義認説」を説く。

また、聖書にのみ権威を認める「聖書至上主義」、すべての人が神の前では祭司だとする「万人祭司説」を唱えた。

各地に波及した宗教改革

このルターの提唱はたちまちにして大反響を呼んでいく。

当時のドイツでは、教皇庁の搾取や聖職者の腐敗、封建制の重圧により、諸侯から農民に至るまで不満が鬱積《うっせき》していたのだ。

やがてドイツの諸侯はカトリック派とルター派に分かれて争うようになり、ルター派はカトリックと分離。新たな教会組織を作ることになり、ドイツを中心として北欧などへ広まっていったのである。

さらに、こうした動きのなかで、ドイツに少し遅れて、スイスでも宗教改革が起こる。ツヴィングリの指導による改革に続いて、カルヴァンが登場。ルターに影響を受けながらも、独自の改革を展開していった。

カルヴァン派はスイス、南ドイツを中心としてヨーロッパ各地、さらには北米にまで浸透していく。また、イギリスではチューダー朝のもとで宗教改革が行なわれ、イギリス国教会という独自の形態が誕生する。

こうして、カトリックへの批判

三大宗教用語の基礎知識

【ウィクリフ】
イギリスの神学者。宗教改革の先駆。分裂したカトリック教会を批判。

【フス】
ボヘミア出身の宗教思想家。ウィクリフに共鳴。ボヘミアの改革運動を指導し、異端として処刑された。

【ツヴィングリ】
スイスの司祭。チューリッヒで宗教改革を開始。

に端を発した運動は「プロテスタント」というキリスト教の新しい勢力となったのである。

新旧両勢力の対立

ところで、カトリック教会もこのプロテスタントの動きを傍観していたわけではない。

一五四五年から開かれたトリエント公会議では、教皇の最高権威が再確認され、聖職者の生活を見直して新教に対抗するべく、勢力の立て直しが図られた。

イグナティウス・ロヨラが設立したイエズス会は、カトリック側の尖兵《せんぺい》となって、各地で布教活動を繰り広げていく。

この運動は「反宗教改革」と呼ばれ、ローマ教会とスペイン宮廷が中心となって行ない、南ヨーロッパへの新教の普及を食い止めることにもなった。

このため、新旧両教徒の対立は次第に激化し、西ヨーロッパ各地で激しい宗教戦争が勃発していくことにもなる。

宗教改革＝「聖書至上主義」運動のはじまり

16世紀初頭のカトリック教会

● 金銭と引き換えに与えられる「免罪符」の販売で、収入増を図る

マルティン・ルターの表明

「苦罰と罪の許しは、ただ神の意思にある」

宗教改革スタート

ルターの三大宗教改革原理

	①	②	③
カトリックの伝統	ローマ法王をトップとする縦組織	「伝承」が信仰の根拠	「善行」により神に認められる
ルターの主張	万人祭司説	聖書至上主義	信仰義認説義

数千年におよぶローマ・カトリック教会の構造を否定！

プロテスタント誕生

カトリックとプロテスタント その分裂と信仰理念の違い

◎キリスト教における二大勢力の相違点と対立

同じキリスト教でありながら、信仰理念の違いから袂を分かったカトリックとプロテスタント。両者の対立は次第に激化し、ヨーロッパ各地を巻き込む宗教戦争にまで発展した。

カトリックへの批判から生まれたプロテスタント

ローマ・カトリック教会はいわずと知れた世界最大の宗教団体である。

神と人との間を仲介する存在として神父が位置づけられ、その最高の首長としてローマ教皇が頂点に君臨している。

一方、カトリックと宗教改革以降に袂《たもと》を分かち、カトリック・東方正教会と並んでキリスト教の大きな勢力になったのがプロテスタントである。ルーテル教会やカルヴァン派諸教会、バプテスト系諸教会など多くの教派があり、大小あわせると、その数は数えきれないほどにもなる。

プロテスタントという名称は、文字どおり「抗議する人」の意味で、十六世紀のドイツの国会で、ルターの宗教改革を支持した人々が、カトリック派に対して抗議したことに由来する。

カトリックが旧教と呼ばれるのに対して、新教と呼ばれる。

同じキリスト教なので、崇拝する「神」も同じであり、父と子（キリスト）と聖霊がひとつであるとする「三《さん》位《み》一体《いったい》説」を信じているのも同じである。

カトリックとプロテスタントの違い

では違いはなにかというと、プロテスタントの信仰理念をみると、それがよくわかる。

宗教改革の項でも記したように、カトリックがミサなどを重視するのに対し、プロテスタントでは儀式や善行ではなく、信仰のみが魂を救済すると説いて、ミサは行なわない（信仰義認説）。

次にプロテスタントは信仰の拠り所は聖書のみだとし、聖伝など聖書以外の宗教的権威は否定する（聖書至上主義）。

また、聖職者の特別な宗教的権威も無意味だとし、ローマ教皇も一般信徒も、神の下では平等だとしている（万人祭司説）。

カトリックの特徴として聖母マリアへの崇拝があるのに対し、プロテスタントはそうではないという点も異なっている。

そのほか、結婚と離婚に対する考え方の相違や、神父と牧師の違

三大宗教用語の基礎知識

【ユグノー】
フランスでのカルヴァン派の名称。カトリック教徒ギーズ公がユグノーを殺害したことから、ユグノー戦争へと発展した。

【サン・バルテルミの虐殺】
王族の結婚式のために集まっていたユグノーをカトリック教徒が虐殺した事件。

【三十年戦争】
ボヘミアのプロテスタントが反乱を起こしたのを機に起こった、ドイツの宗教戦争。

いなど、さまざまな相違がある。

新旧両派の対立から宗教戦争へ

歴史的にみると、カトリックとプロテスタントは同じキリスト教でありながら、長く血で血を洗う争いを繰り広げている。

十六世紀後半から十七世紀中ごろにかけて、新旧両派の対立が激化し、ヨーロッパ各地で「宗教戦争」が勃発した。

フランスでは、新旧両貴族の内戦であるユグノー戦争が起こり、サン・バルテルミの虐殺《ぎゃくさつ》でそれが激化。スペインが旧教側を、イギリスが新教側を援助して混戦に陥ったのだ。

また、オランダでは、スペインの悪政と新教弾圧から独立戦争が勃発。ドイツでは三十年戦争が起こって、新旧両諸侯の内戦からヨーロッパ諸国を巻き込む国際戦争へと発展している。

いずれも政治的な形での終結を迎えた。

カトリックから分派したプロテスタント

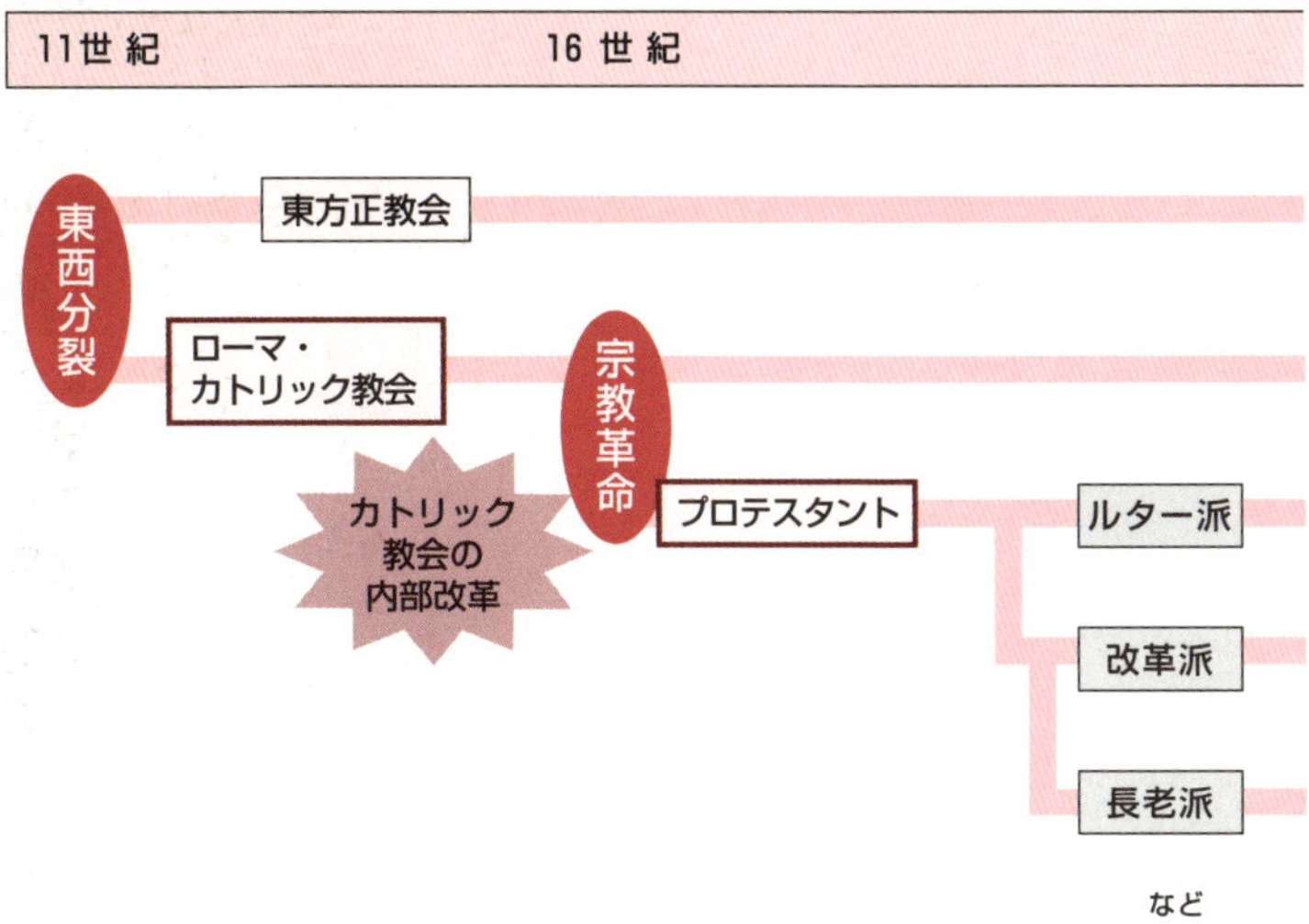

サン・ピエトロ寺院

カトリックとプロテスタントの比較

カトリック		プロテスタント
カトリック＝「普遍的」 「国籍、人種、性別に関係なく、すべての人々に神の愛を与える」という考え	名称の意味	プロテスタント＝「抗議する者」 資金集めのために免罪符を発行していた16世紀カトリック教会のやり方に抗議したところから
ローマ教皇をトップとする階級制	構造	教皇にあたる存在はなく平等
聖書、儀式、伝統、伝承	信仰	聖書のみ
神父（独身男性に限られる）	聖職者	牧師（結婚できる。女性可）

黒人霊歌とキリスト教

強制への反抗から生まれた信仰心

◎奴隷制度のなかで育まれた、もうひとつのキリスト教

古めかしくも懐かしいメロディが民族や人種を超えて人々をひきつける黒人霊歌。しかしその成り立ちには黒人が背負ってきた悲惨な歴史と、それに絡み合うキリスト教信仰がひそんでいる。

歌詞は『旧約聖書』の影響

キリスト教信仰のなかから生まれたもののひとつに黒人霊歌がある。

十七世紀に奴隷《どれい》貿易が始まった時、アフリカ大陸から大勢の黒人が新大陸に連れてこられて大農園での過酷な重労働を強《し》いられた。しかも彼らには市民権や教育を受ける自由など、人間として最低限の人権すらも保障されていなかった。そんななかで白人は、黒人奴隷たちの反抗の芽を摘むために教会へ連れ出し、キリスト教信仰を教え込んだ。

もちろん、人権を無視した奴隷制度はキリスト教の教えに背《そむ》くものだが、白人は奴隷制度を基盤にした社会体制維持のため、キリスト教を勝手に解釈して黒人に押しつけたのだ。

しかし黒人奴隷たちが従順だったわけではない。偽善的な白人たちの信仰に抵抗し、独自の解釈でキリスト教を受け止め、悲惨な運命を強いられている自分たちの生活に合致した信仰の形を生み出していく。そんななかから生まれたのが黒人霊歌だ。

黒人霊歌の歌詞の多くは、『旧約聖書』の内容に影響を受けている。『旧約聖書』には、キリストの誕生以前から伝わるユダヤ民族の歴史と教えが集められているが、とくにユダヤ民族が神の民として生まれ、エジプトで奴隷として捕囚され、のちにモーゼによって解放されるという歴史は、黒人奴隷たちの境遇と重なり、深い共感を呼んだ。自分たちの解放の日を夢見た彼らは、『旧約聖書』の内容を黒人霊歌に取り入れたのだ。

たとえば、ユダヤ人にとってヨルダン川の向こうにあるカナンの地は、安住の地として約束されたものだった。有名な黒人霊歌『Deep River』はこの話を歌ったもので、Deep Riverとはヨルダン川を指している。しかし同時にカナンの地は、奴隷制度のないアメリカ北部や、奴隷たちの故郷アフリカをも指している。そしてさらに、何の幸福も望むことのできないこの世界を逃れて、天国へ行きたいと願う奴隷たちにとって、Deep Riverの向こうは天国だった。

三大宗教用語の
基礎知識

【奴隷貿易】
おもにアフリカの黒人を「奴隷」とし、労働力として売り買いしていた貿易。十五世紀ごろにヨーロッパで始まり、十九世紀までヨーロッパやアメリカで行なわれていた。

【黒人教会】
きちんと教会の建物がある白人教会と違い、黒人が秘密に集まっていた黒人教会には本当の教会が存在せず、ただ人が集まっただけということもあった。

黒人教会で育まれた信仰

明るく力強い曲も多い黒人霊歌だが、しかしそこには黒人奴隷たちの救いのない現世の生活への絶望感と、そして『旧約聖書』を通してもたらされた天国での救いへの希望が込められているのだ。

もちろん支配者であった白人は、黒人霊歌を禁じた。しかし、奴隷たちは仕事が終わった深夜、白人とは別の自分たちだけの礼拝堂に集まり、黒人霊歌を歌い、踊り、そしてひたすら祈った。

それが彼らのキリスト教信仰の形だったのだ。それらの多くは秘密裏に形成されていったので、社会の表舞台に出てきて一般に知られることはなかった。しかし近年になって「黒人教会」として知られるようになり、もともとアフリカで独自の民族信仰を持っていた彼らが、どのような形でキリスト教を受け入れていったかの、その仕組みが、解明されようとしている。

教会音楽年表

4世紀	カトリック教会で、聖典の章句を礼拝時の音楽的役割として取り入れる
中世〜ルネッサンス	グレゴリオ聖歌(ローマ聖歌)、ミサ曲、多声音楽モテットなどさまざまなジャンルの音楽が誕生
16世紀	ルターが一般信徒にもおぼえやすい会衆賛美を導入 16世紀最大の教会音楽作家パレストリーナが膨大なミサ用の合唱曲を作曲
18世紀	プロテスタント教会音楽の黄金期。バッハやヘンデルが活躍する
19世紀	アメリカで黒人霊歌(ゴスペル)が生まれる

黒人霊歌と時代背景

17世紀
アメリカにおいて、アフリカ人の奴隷化がはじまり、1700年ごろには大部分のアフリカ人の身分は生涯奴隷と確定される

||

白人キリスト教の神学者、牧師も異を唱えず

||

黒人霊歌の誕生

「罪人よ、どうかこの収穫期を過ぎ去らせないように」
「さあ、ひざまずいていっしょに神を賛美しよう」
「深き河よ、わたしの故郷はヨルダン川のかなた」など

↑

黒人の存在を無視しようとしている社会において「存在」しようとする奴隷の決意表明

アメリカ合衆国の礎
〝神に選ばれた民〟という意識と信仰

◎国家をひとつにまとめるための役割を果たす

ヨーロッパから新大陸に渡ってきたピューリタンによって創られた国アメリカ。「自分たちは神に選ばれた民」とするその思想は、今もこの国の政治や外交の中に生きつづけているのだ。

聖書世界の実現がアメリカ建国の礎

アメリカ合衆国は当初ヨーロッパからの移民たちが作り上げた国家である。そこにはさまざまな民族、さまざまな文化的背景を持った人々が共存していた。それぞれにその多様性を認めながらも、国家としてまとまらなければならない必要性に迫られた時、その重要な役割を担ったのがキリスト教だった。

多様な民族を内包したアメリカ社会では、信仰による住み分けは不可能だった。数多くの異なる価値観を持った人々が共存するためには、憲法によって政教分離を徹底させると同時に、信教の自由を保障しなければならなかった。とはいえ、信教の自由を保障しながらも国民の意識をひとつに統合するために、市民宗教的なものの存在が要求された。アメリカは、それを実践することで成立した国家なのだ。

そのために独立革命直後の一七九一年に、政教分離と信教の自由を定める憲法改正案が可決された。これは、世界ではじめて政教分離が明記された憲法だった。

もともとアメリカ人のなかには、植民地時代以来「自分たちは神に選ばれた民である」という考え方が生きている。ヨーロッパを出たピューリタンが新大陸に新しい国家建設を実現したことは、モーゼがイスラエルの民を連れてエジプトを脱出し、約束の地カナンに向かったことと重ね合わされている。そして、聖書のなかの世界が現実となったのが、アメリカ合衆国の建国だとされているのだ。

さらに、アメリカにイスラエルが建設されて、その後聖書に書かれたとおりイエスが再臨し、至福の時代が到来すると考える人もいる。

この考え方は現在のアメリカの外交姿勢にも表れている。たとえば、中東紛争でアメリカがイスラエルを支援するのは、けっして国内のユダヤ教勢力を意識しているだけではない。アメリカのキリスト教保守派はユダヤ人に対する複雑な偏見を持ちながらも、イスラエルという土地そのものに対しては「神の祝福を受けた場所」ととらえ、イスラエルを守ることがキ

三大宗教用語の基礎知識

【ピューリタン】
一六二〇年、英国での宗教的迫害から逃れるためにメイフラワー号という船でヨーロッパから新大陸に渡ってきたピューリタン（清教徒）の一団が、後のアメリカ合衆国建国の礎を築いた。

【キリスト教保守派】
進化論を学校で教えるかどうかの裁判でも知られるように、今現在もアメリカ社会におけるキリスト教保守派の思想や発言権はかなり強大なものである。

リストの再臨につながると考えているのだ。

九割以上は神の存在を信じる

アメリカは選ばれた民によって作られた、しかしその精神が生きつづけるためには「神との契約を絶対に守らなければならない」という条件が課せられている。もしそれを破れば、アメリカという国家は地獄へ落ちる。その精神が今も外交や経済面で生きているのだ。

いうまでもなく、アメリカでもっとも多いのはキリスト教徒である。もっとも多いのはプロテスタント系で約六割近く、次いでカトリック系が約四分の一、東方正教会系が数%という統計がある。

実際に毎週教会に通っている人はその半数ほどといわれるが、かなりの数のキリスト教徒は神や、それに類《たぐい》するものの存在、あるいは処女懐胎を信じているという調査もある。キリスト教の世界観に裏打ちされたこの国の建国精神は、今も生きているのだ。

アメリカの建国とアメリカ人の選民意識

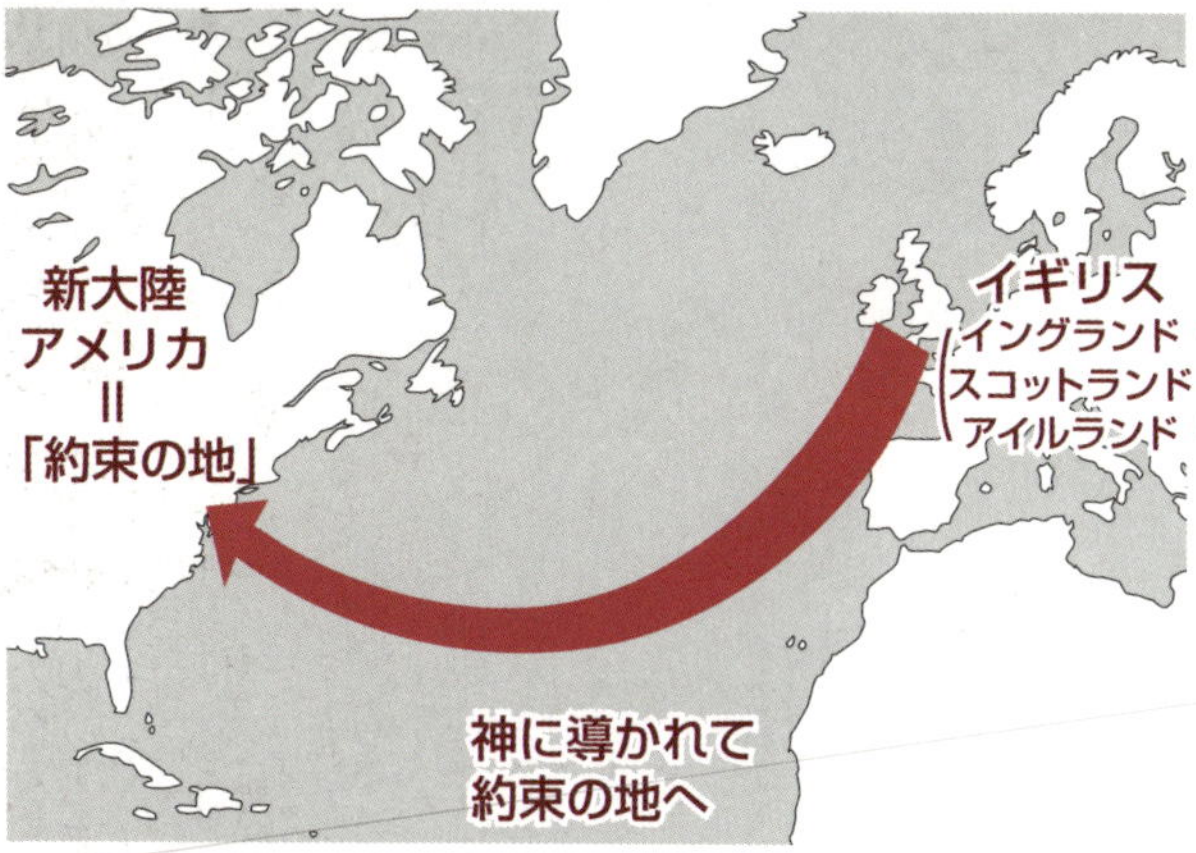
新大陸
アメリカ
=
「約束の地」
イギリス
（イングランド
スコットランド
アイルランド）
神に導かれて
約束の地へ

アメリカの建国は、聖書の世界が現実の世界として実現したもの

=

アメリカ人は選ばれた民

キリスト教信仰とアメリカ外交

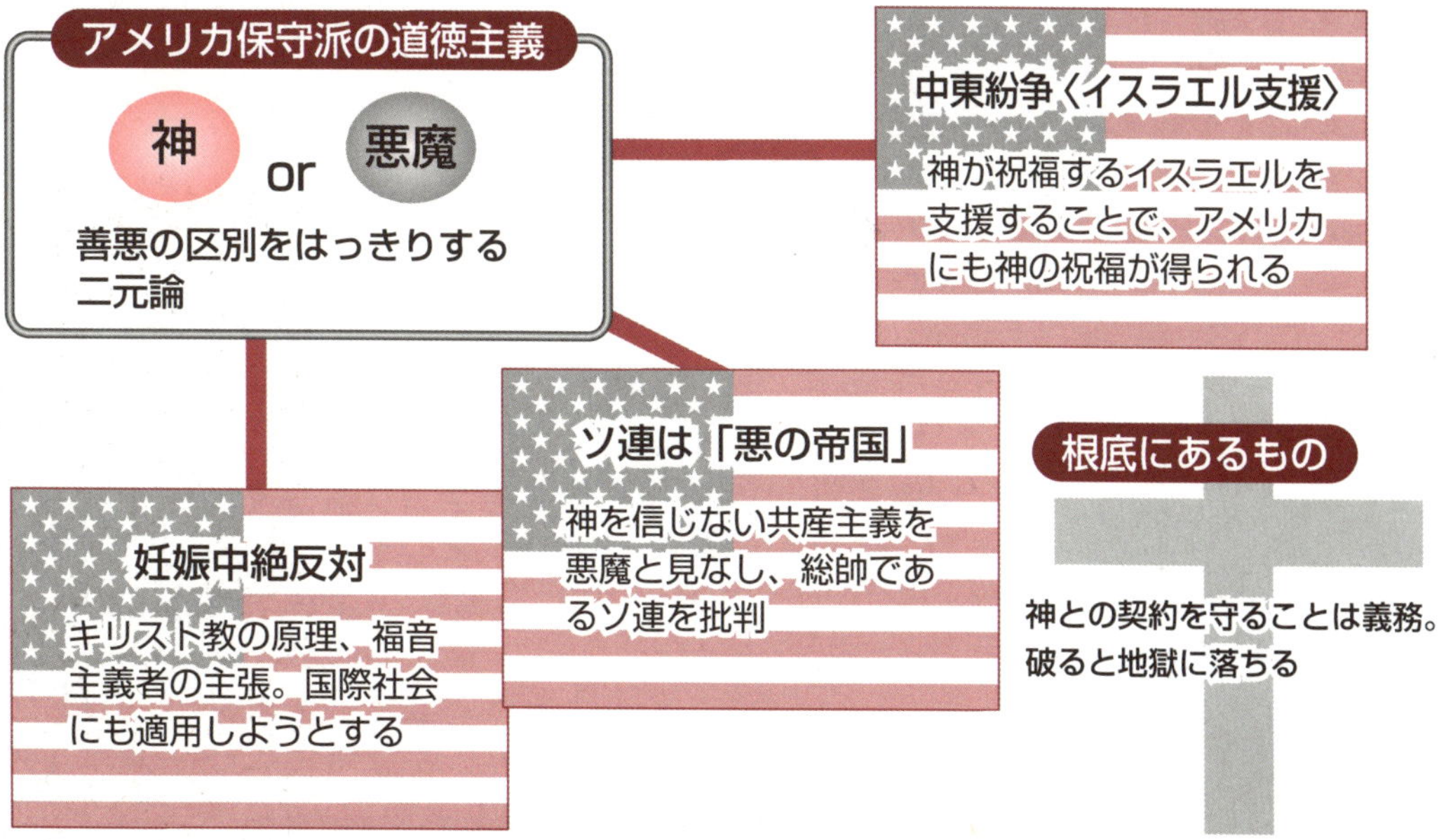
アメリカ保守派の道徳主義
神
or
悪魔
善悪の区別をはっきりする二元論
中東紛争〈イスラエル支援〉
神が祝福するイスラエルを支援することで、アメリカにも神の祝福が得られる
ソ連は「悪の帝国」
神を信じない共産主義を悪魔と見なし、総帥であるソ連を批判
妊娠中絶反対
キリスト教の原理、福音主義者の主張。国際社会にも適用しようとする
根底にあるもの
神との契約を守ることは義務。破ると地獄に落ちる

参考資料：『AERA Mook キリスト教がわかる。』朝日新聞社

Column

4

ユダヤ教徒の選民思想

世界各地に散らばり、「流浪の民」といわれるユダヤ人の民族的アイデンティティーを支えてきたのが、ヤハウェを唯一神とする「ユダヤ教」と、その「選民思想」である。

選民思想とは、ヤハウェとの契約を守るユダヤ人だけが「神に選ばれた民」として救われるとする考えだ。

『旧約聖書』によると、紀元前十三世紀ごろ、預言者モーゼは、エジプトで隷属させられていたユダヤ人を救い出し、シナイ山でヤハウェから「十戒」をはじめとする多くの教えを授かったとされる。

これらの神の啓示はトーラー（律法）と呼ばれ、ユダヤ教徒の生活規範となっている。この戒《いまし》めに従って生きれば、神は「選ばれた民」であるユダヤ人を救うとされているのだ。

振り返ってみれば、ユダヤ人の歴史は苦難の連続だったといえる。

ダビデ王とソロモン王の繁栄が終わって、ヘブライ王国が分裂・滅亡すると、バビロン捕囚による異国の地への強制移住があり、以後もペルシャ帝国やローマ帝国の支配が続く。

祖国喪失と民族の離散、たび重なる迫害という状況下で、民族のプライドと結束を保っていくには「自分たちは神に選ばれた民なのだ」と考えることがなによりも精神的な支柱となっていったのだろう。

だが一方で、他の民族への優越を意味するこの選民思想がさらなる反ユダヤ感情を生み、偏見や迫害を招いていったのは悲劇といわざるをえない。

アーリア人を選民だとするナチス・ドイツが残虐極まりないホロコーストを行なったのも、その顕著な例である。

第二次世界大戦後は念願の国家・イスラエル国を建設したが、このために土地を追われたパレスチナ人と抗争になり、戦いの火種は今なおくすぶりつづけている。

土地を追われる苦しみを誰より知っているユダヤ人がパレスチナ難民を生み出したというのも、また皮肉な話である。

第5章 イスラム教を知る

コーランについて

神が伝えし啓示と信仰の根幹

◎神の言葉を集めた、ムスリムたちの絶対なる聖典

ムスリムにとってもっとも神聖な存在『コーラン』。人々の口から口へ伝えられた啓示は、信仰の根幹ともいえる。今も研究が続く聖典の最大のテーマは、唯一にして絶対なる神の存在だ。

アラビア語で綴られる神の言葉

イスラムを語るうえで欠かせないもののひとつが『コーラン』の存在である。アラビア語の原音では「読誦《どくじゅ》」を意味する「クルアーン」と発音される。中身は預言者《よげんしゃ》ムハンマドの啓示集であり、それはすなわち神の言葉を意味する。

「読誦」という言葉が表すように、当初は口承で記憶された。しかし、ムハンマドの死で啓示が終わると編纂《へんさん》作業が始まり、神の言葉は『コーラン』というひとつの形にまとめられた。テキストの成立は七世紀半ばである。

偶像崇拝を禁じているだけに、挿画の類《たぐい》はいっさい描かれない。また神の言葉の一字一句をそのまま読み上げることも信仰の特徴であるゆえ、他の言語への翻訳は信仰上できないとされている。日本語訳などはムスリムにとって解説書ということになろう。

神がアラビア語で伝えたことこそが奇跡であり、意味がある。世の中で『コーラン』と呼べるものは、アラビア語で書かれたそれ以外に存在しないというわけだ。

汝らの神は唯一なる神である

全体は百十四の章（スーラ）で構成され各章に「開扉《かいひ》」「雌牛《めうし》」「女」といった題がつけられているが、第十二章の「ヨセフ」をのぞいて物語性はない。

『コーラン』のなかで繰り返し強調されるのは「汝《なんじ》らの神は唯一なる神である」という一神教の原理である。

神は六日で天地を創造し、その創造行為は今も続いている。その気になればこの世を一瞬にして無にすることも可能なほど、神は絶対的だ。この世は七層の天界と七層の地界で形成され、一神教ではあるが、世界には天使や悪魔といった霊的な存在も登場する。

最初に作られた人間はアダムとイブであるとされ、終末の日には神の裁きが下る。

『コーラン』にはこうした「創世記」や「最後の審判」といった聖書の一部と重なる箇所がある。このことからもイスラム教がこれらと関係の深い宗教であるということが見てとれるのである。

三大宗教用語の 基礎知識

【百十四章】
ムハンマドが六一〇年～六三二年までに受けた啓示が、長短織り交ぜた百十四のスーラで構成される。もっとも長いものは第二章「雌牛」で、二百八十六節にもなる。

【文体】
散文詩の文体で、各章ごとに韻《いん》を踏んでいるのが特徴。声に出した時の美しさもさることながら、アラビア語での表記した際の文面も美しく、文学や芸術の観点から語られることも少なくない。

今も続くコーラン研究

では、『コーラン』において人間とはいかなる存在か。

まず大前提にあるのは、神の前では人間は無力であるということだ。人間は神の被造物であるが、命を吹き込まれたことによって、時に善行だけではなく愚行にも走る生き物になった。

厚い信心を行なえば神は罪を赦《ゆる》すが、祈るだけですべての罪が赦されるわけではない。従順な僕《しもべ》には慈悲深く、そうでないと判断されれば罰が下される。そこにあるのは厳正な因果応報と、正義の神たるアッラーの絶対的な存在なのである。

『コーラン』はムスリムにとって信仰の根幹であるがゆえ、その解釈については多くの研究が進められてきた。

文体や各節の長さ、啓示の時系列、編纂における宗派間の解釈の違いなど、『コーラン』をめぐるテーマは限りないのである。

イスラム教の啓典

コーラン （al-qur'ān / これこそ朗唱すべきもの）＝ 神の言葉

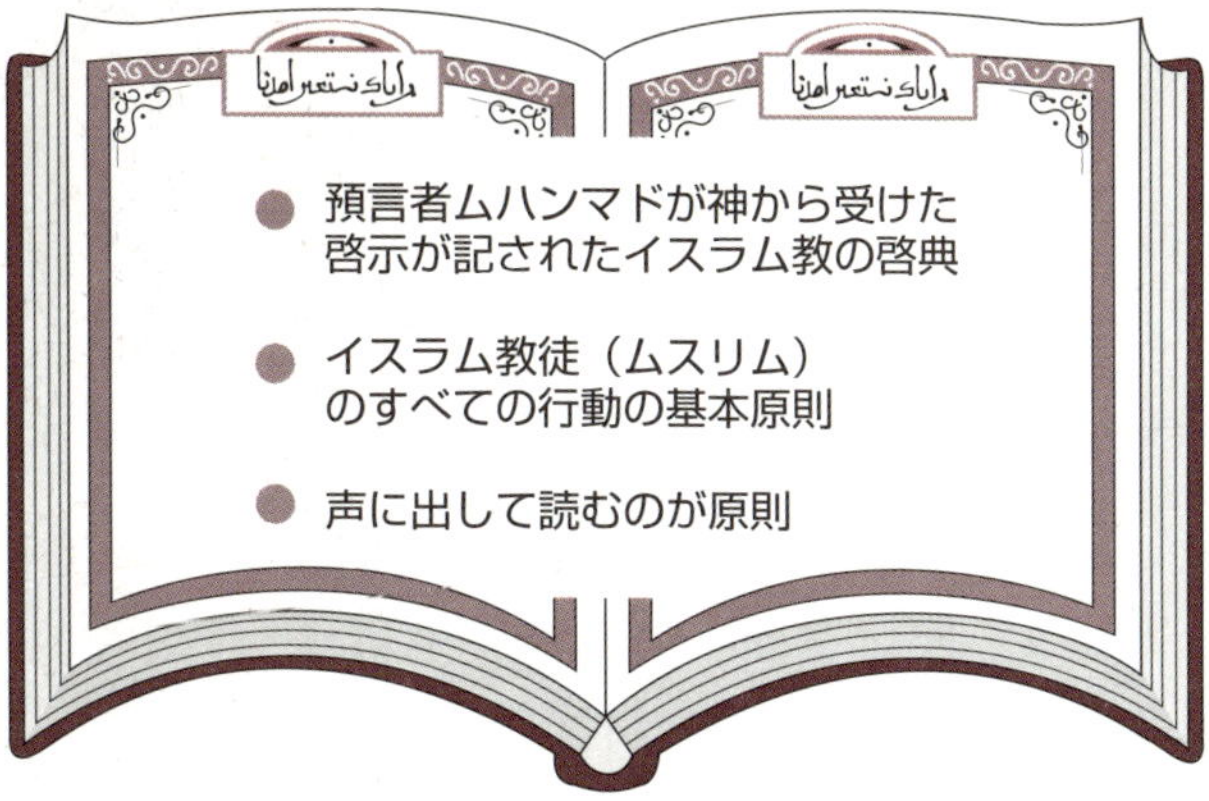

預言者ムハンマドが神から受けた啓示が記されたイスラム教の啓典
イスラム教徒（ムスリム）のすべての行動の基本原則
声に出して読むのが原則

神の啓示～コーランの編纂

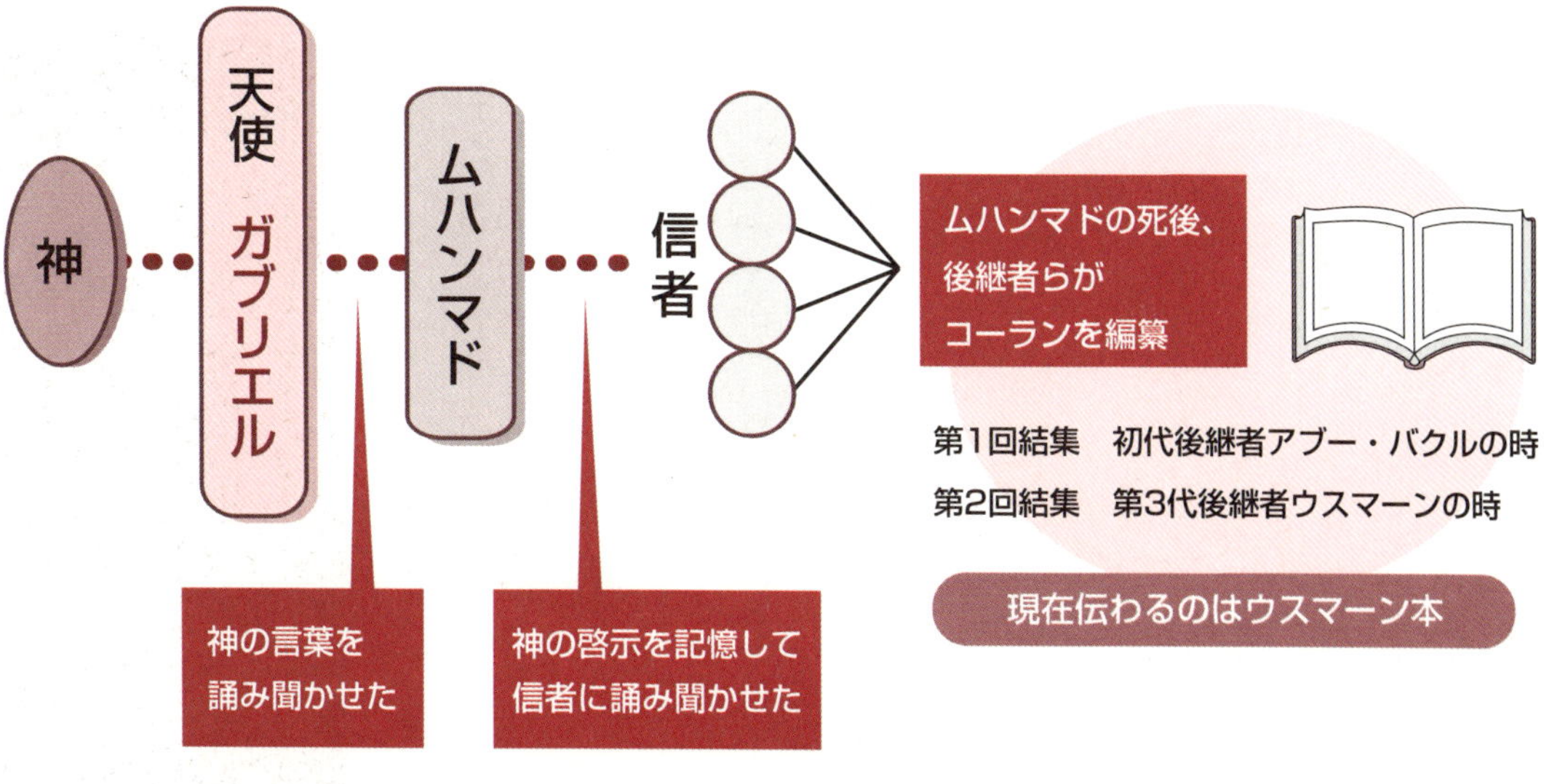

神
天使 ガブリエル
ムハンマド
信者
神の言葉を誦み聞かせた
神の啓示を記憶して信者に誦み聞かせた
ムハンマドの死後、後継者らがコーランを編纂
第1回結集　初代後継者アブー・バクルの時
第2回結集　第3代後継者ウスマーンの時
現在伝わるのはウスマーン本

聖地エルサレム
ムハンマド昇天の地とされる聖地

◎三つの宗教の聖地が集中、しかしいまだに解決をみない争奪戦

ムスリムにとって三番目に重要な聖地がエルサレムだ。ここはキリスト教、ユダヤ教にとっても聖地でもあるが、領土をめぐる激しい闘争はいまだに終わりを告げる気配がない。

イスラム教の三大聖地

イスラム教の三大聖地といえば、メッカ、メディナ、エルサレムのことを指す。そのうち最大の聖地が、サウジアラビアのメッカ（マッカとも）だ。

ここはムハンマドが誕生した地であり、また毎年二百万人以上もの人々が巡礼に訪れるというカーバ神殿が建っている。カーバ神殿はアッラーの館などとも呼ばれ、偶像崇拝が禁止されているムスリムにとってもっとも聖なるものとして崇《あが》められている。

第二の聖地は、同じくサウジアラビアにあるメディナだ。メッカで伝道を行なっていたムハンマドは、教えに反発する者たちから迫害を受け、メディナに移住。ここで共同体を形成し、以後、イスラム教は大きく発展していく。この移住をヒジュラ（聖遷）といい、遷都した六二二年はイスラム暦元年とされた。

これら二つの聖地への異教徒の立ち入りは禁止されている。唯一、異教徒でも訪れることができるのが、第三の聖地エルサレムだ。

ムハンマドが昇天した岩のドーム

エルサレムはイスラム教の聖地であるとともに、キリスト教、ユダヤ教の聖地でもある。

ユダヤ教徒にとってはユダ王国の首都が置かれていた場所で、キリスト教徒にとってはイエスが処刑され、復活を遂げた場所だ。そして、イスラム教徒にとってはムハンマドが昇天した地なのである。

伝承によれば、ムハンマドは一夜にしてメッカからエルサレムへと旅をし、聖なる岩の上から天馬に乗って神のもとへ飛翔したとされている。

現在、聖なる岩は神殿の丘に建てられた岩のドームの中央に祀《まつ》られている。岩は長さ約十八メートル、幅約十五メートルという大きなもので、岩にできたくぼみはムハンマドの足跡とされている。

この岩のドームは一九九四年に24金の金箔を使って改修工事が行なわれ、黄金ドームとして輝きを放っている。

これに対して、銀のドームと呼

三大宗教用語の
基礎知識

【カーバ神殿】
イスラムにおいては、天地創造の際に最初にできた大地がカーバ神殿のある場所とされる。神殿は最初の人類アダムによって造られた。

【岩のドーム】
六九一年、ウマイヤ朝第五代カリフのアブドゥル・アルマリクが建造。

ばれるのがアル・アクサー・モスクである。このドームはムハンマドがエルサレムにたどり着いたとされる場所に建っている。

終わりの見えない中東和平問題

ところで、現在エルサレムはイスラエルの首都であるが、このイスラエルを建国したユダヤ人と、もともとこの地に住んでいたパレスチナ人との間で激しい闘争が繰り広げられている。ここでいうパレスチナ人とは、アラブ系ムスリムのことである。

そもそものきっかけは、十九世紀に起こったユダヤ人によるシオニズム運動で、一九四八年にイスラエルが独立を宣言すると周辺アラブ諸国がイスラエルへ進軍、第一次中東戦争が勃発する。以後、幾度となく争いは繰り返され多数の犠牲者を出すこととなるが、いまだに解決を見ていない。

聖地エルサレムの旧市街地

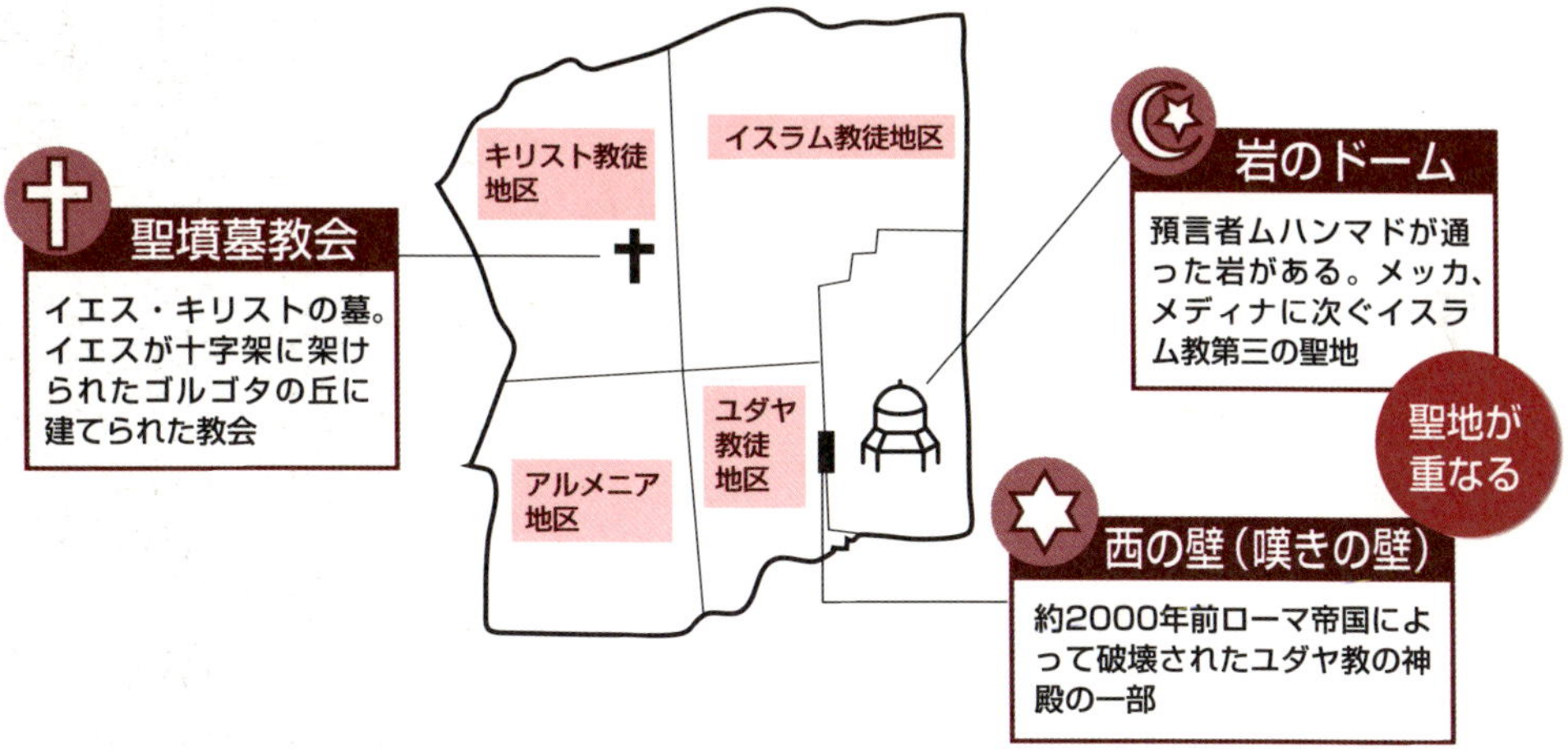

キリスト教徒地区
イスラム教徒地区
アルメニア地区
ユダヤ教徒地区
聖墳墓教会
イエス・キリストの墓。イエスが十字架に架けられたゴルゴタの丘に建てられた教会
岩のドーム
預言者ムハンマドが通った岩がある。メッカ、メディナに次ぐイスラム教第三の聖地
聖地が重なる
西の壁（嘆きの壁）
約2000年前ローマ帝国によって破壊されたユダヤ教の神殿の一部

エルサレム支配の流れ

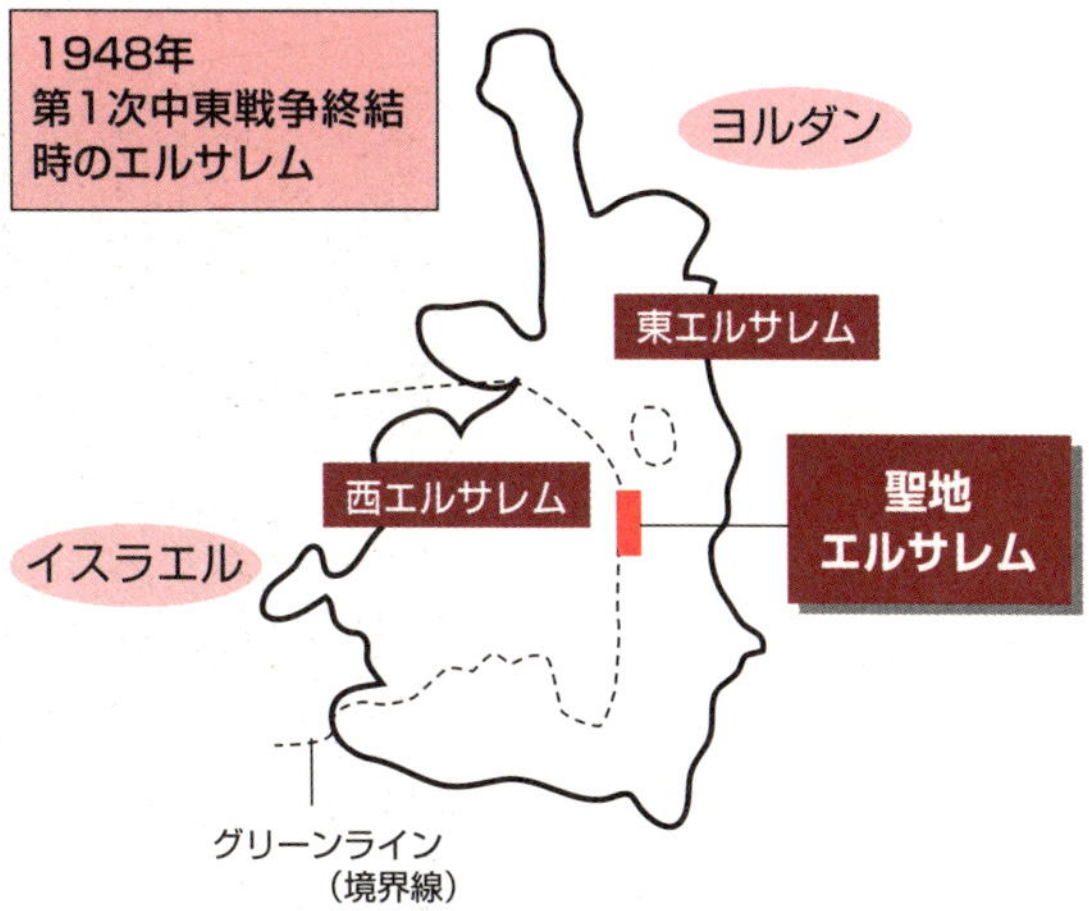

1948年
第1次中東戦争終結時のエルサレム
ヨルダン
東エルサレム
西エルサレム
イスラエル
聖地エルサレム
グリーンライン（境界線）

1947年	国連総会で「パレスチナ分割」が決議。聖地エルサレムが「国際管理地区」となる
1948年〜1949年	第1次中東戦争の結果、エルサレム市内を東西に分割。東エルサレムをヨルダン、西エルサレムをイスラエルが占領
1956年	第2次中東戦争勃発
1967年	第3次中東戦争。これによりエルサレム全域がイスラエルの占領下になる
1973年	第4次中東戦争
1979年	エジプト・イスラエルとの平和条約を締結
1993年	「パレスチナ暫定自治協定」締結

メッカ巡礼
信者をひとつにまとめる力を持つ儀式
◎ムスリムの義務であり、悦びでもある聖地への巡礼

メッカ巡礼はイスラムの信仰義務のひとつである。巡礼月ともなると聖なるカーバ神殿は、ムスリムが着る巡礼服の白で覆い尽くされる。すべての欲を絶ち、神への祈りを捧げるその儀式とは。

イスラムの聖なる地・メッカ

預言者《よげんしゃ》ムハンマドの生まれ故郷であり、アッラーより啓示が下された地・メッカ。現在はイスラム教の第一の聖地としてその名を広く世界に知られている。

メッカはアラビア半島西部、サウジアラビア領の都市である。イスラム成立以前より商業都市として栄え、多神教像を抱えたカーバ神殿を擁していた。

メッカが聖地とされた経緯は、反イスラムの迫害にあったムハンマドが一度メディナへと逃れ（聖《せい》遷《せん》）、再びメッカへと戻ったことに端を発する。

当時のメッカは、商業と宗教の両方を管理するクライシュ族が支配しており、一神教を唱え、イスラムの正当性をうたうムハンマドらとの対立が激化していた。

やがてムハンマドは二度の戦いを経て、メッカの征服に成功。カーバ神殿の偶像を破壊し、ここを聖なる場所として清めた。

こうしてメッカとカーバ神殿は、ムスリムにとってもっとも聖なる場所になったというわけである。

定められた儀礼の数々とは

ムスリムの規範「六信《ろくしん》五《ご》行《ぎょう》」において、五行のひとつに数えられるのが「巡礼」で、とくにイスラム暦十二番目の月に行なう大巡礼（ハッジ）は重要視されている。

これは体力的・金銭的に旅が可能なムスリムは、少なくとも一生に一度は行なわなければならないというもの。いわばムスリムの義務であり、信仰の証《あかし》だ。

この正式な巡礼はイスラム暦の第十二月上旬から、数日間にわたって定められた儀式を行なう。

まず、メッカに到着した信者は、祈りの言葉を唱えながらカーバ神殿を時計回りの逆方向に七周（タワーフ）、次にサファーとマルワの二つの丘の間を急ぎ足で三往復半する（サーイ）。

続いてアラファートの丘に登り、「悔い改め」の祈りを捧《ささ》げ、翌日ミナの谷に引き返し「悪魔祓《ばら》い」の投石を行ない、動物の犠牲祭を執り行なう。そして、最後にもう一度タワーフを行ない、一連の儀式は終わる。

三大宗教用語の基礎知識

【巡礼】
五行における巡礼には、大巡礼（ハッジ）と小巡礼（オムラまたはウムラ）がある。後者は巡礼月などに関係なく個人的にメッカを訪れることで善行とされるが、これがハッジの代わりになり得るというわけではない。

【クライシュ族】
カーバ神殿の守護者としてメッカに君臨し、貿易の中継地点として莫大な利益をあげていた。

犠牲と禁欲の精神

『コーラン』によれば、巡礼の意味するものは「すべてを犠牲にし神へ帰依《きえ》する」精神だという。

巡礼者はまず、メッカに入る手前で全身を沐浴《もくよく》し、縫い目のない真っ白な巡礼服に着替える。

貴金属類の装着はもちろん、巡礼終了まで散髪や髭剃《ひげそ》り、爪切り、さらに口論、性交渉などが禁じられる。

巡礼中は社会的な地位や階級も関係なく、すべての欲を絶ち、ひとりの人間として神と向き合う。そして巡礼後は自分の名として「ハッジ」を名乗ることができ、周囲から尊敬の念が向けられるのである。巡礼月のメッカは、各国から押し寄せる二百万人ものムスリムであふれかえる。

これほどの信者が統一された精神を持って一堂に会することが、神の前では何人《なんぴと》も平等であるという同胞意識をいっそう高めることはいうまでもない。

巡礼地メッカとカーバ神殿

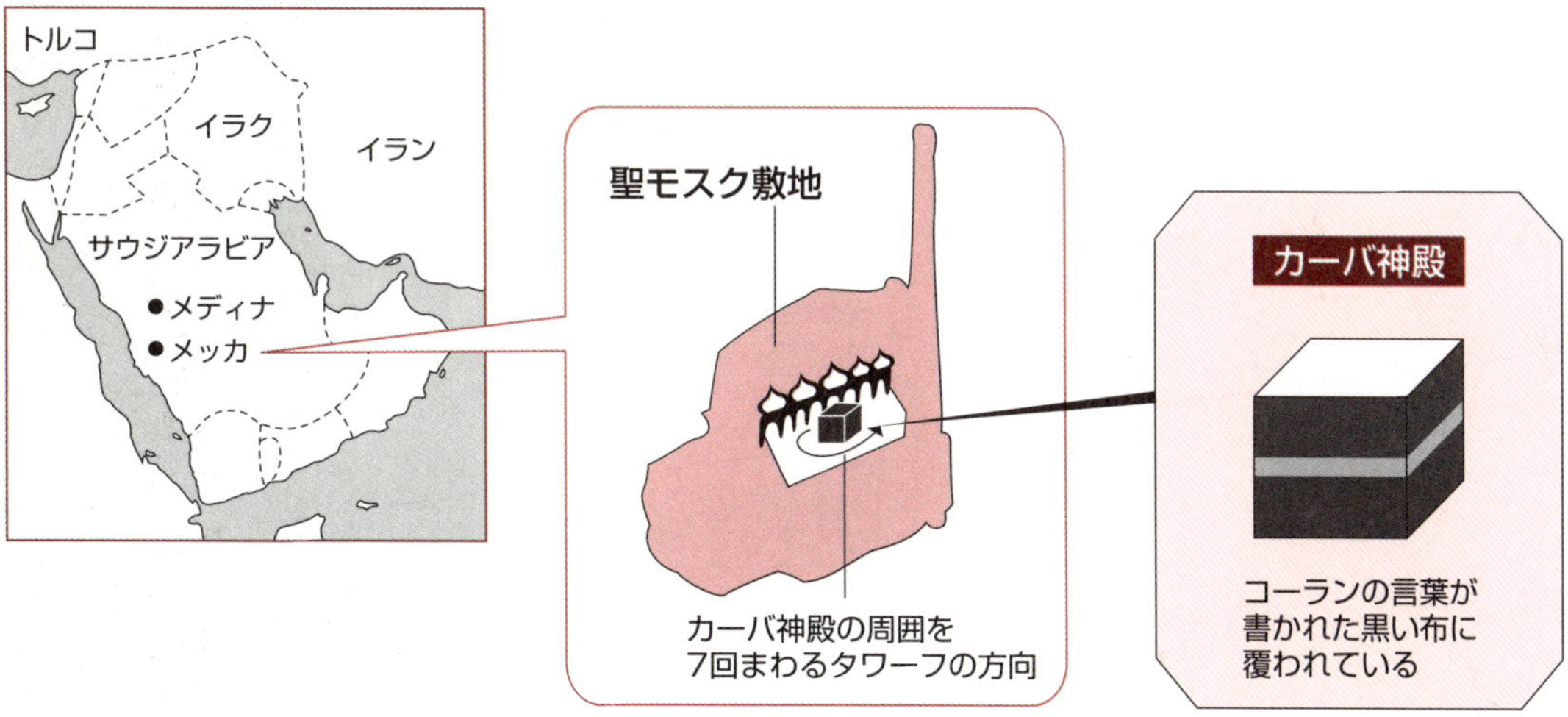

メッカ巡礼の行程

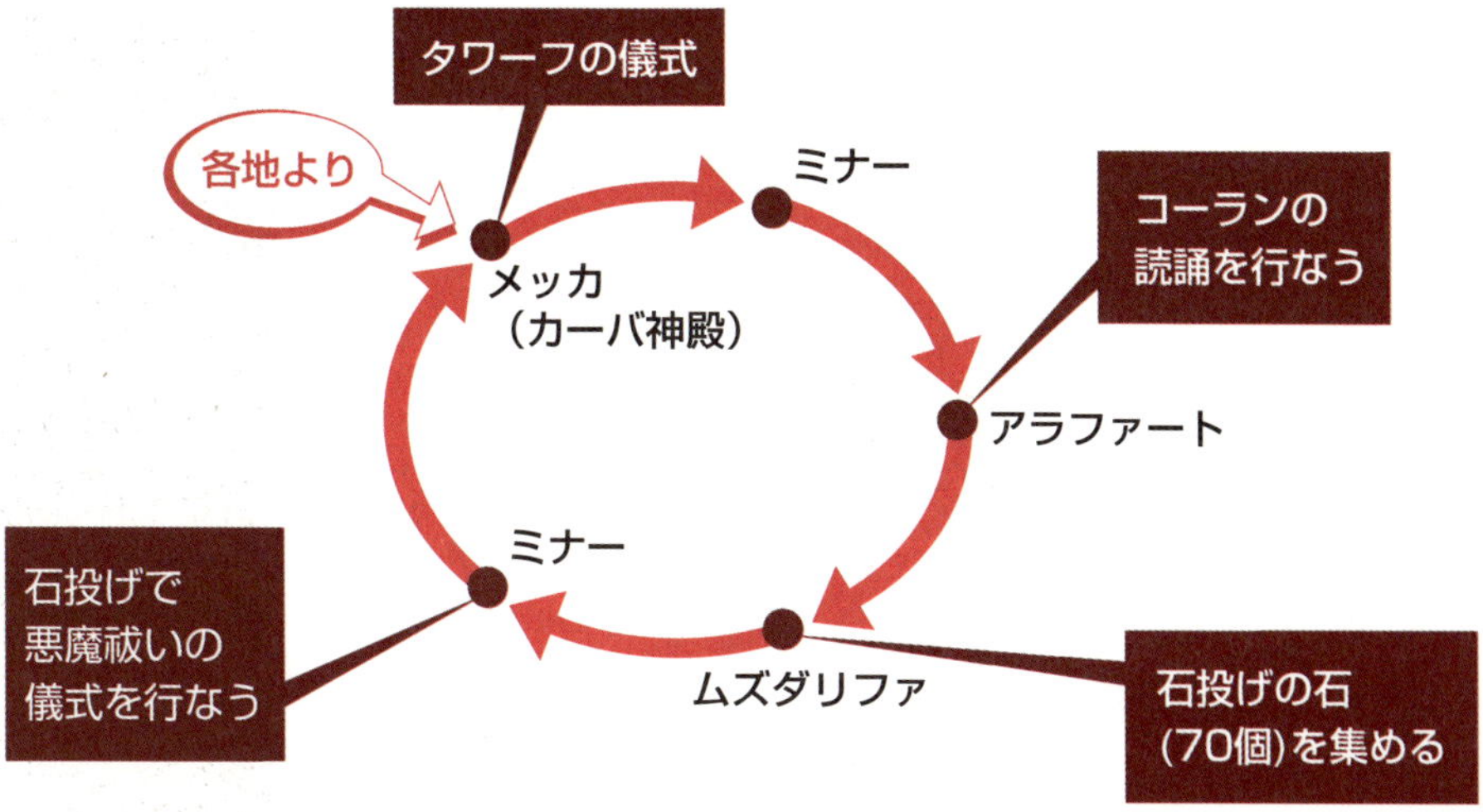

イスラム――神への服従

ムスリムの信ずるべき六信五行とは？

◎ムスリムの生活にイスラム教が浸透しているわけは、ここにあった

ムスリムの信者としての務めの第一は、六信五行の実行にある。それはまた、アッラーへの帰依と服従を意味する。六信とは、また、五行とはいったいどのようなものなのか？

六つの存在を信じることで救われる

イスラム教の神アッラーは全知全能の唯一の神で、アッラーへの絶対帰依《きえ》、絶対服従を誓う者を「ムスリム」と呼ぶ。

ムスリムにとって、すべてはアッラーの思《おぼ》し召しであり、生活はもちろん、人生をもアッラーによって支配されているといっても過言ではない。言い換えればそれは、つねにアッラーと一体でありつづけるという意味である。

ムスリムがムスリムであるために、すなわちアッラーへの帰依・服従を示すために定められているのが六信五行と呼ばれるものだ。

六信とは「神・天使・啓典・預言者・来世・天命」の六つの存在を信じることをいう。

神とはもちろんアッラーのことで、そのアッラーに仕える霊的存在が天使だ。天使は光から作られ、人間の全行動を記録しているといわれる。なかでも重要な天使は、ムハンマドに啓示を授けたガブリエル（ジブリール）、信者の戦闘を助けるミカエル（ミーカール）、天地の終末を告げるラッパを吹くイスラーフィール、死者の魂を抜き取るアズラーイールの四人である。

信仰が篤ければ誰でも天国に行ける

啓典は、啓示によって得られた書という意味で、『コーラン』のほかに『旧約聖書』のモーゼ五書と詩篇、『新約聖書』の福音書が含まれる。そのため、ユダヤ教徒、キリスト教徒はムスリムから啓典の民と呼ばれている。

預言者とは、ムハンマドをはじめアダム、ノア、アブラハム、モーゼ、ダビデ、ソロモン、ヨハネ、イエスなど二十八人のことを指す。ただし、ムハンマドは神の使徒として預言者と区別されることもある。

人は死ぬと、現世の終わりを告げるラッパとともに墓から出され、アッラーの前で最後の審判が下される。そのあとに来る世界が来世だ。生前の行ないが善《よ》ければ天国に、悪ければ地獄へ落とされるが、たとえ大罪を犯した者でも、信仰が篤《あつ》ければムハンマドのとりなしによって天国に行くことができるという。

三大宗教用語の基礎知識

【ガブリエル】
キリスト教ではマリアのもとに現れてイエスの懐妊を告げたとされる。

【ミカエル】
『旧約聖書』や、『新約聖書』の「ヨハネの黙示録」などにも登場する。

【天使】
四人以外にも、堕落した天使で人間にいたずらしたり危害を加えたりするシャイターン（悪魔）など多数の天使がいる。

最後の天命は、予定ともいわれる。アッラーはこの世に起こるすべてのことを見通し、死後の世界をも定めているという意味である。つまり、あらゆる森羅万象はアッラーによって司《つかさど》られているということだ。

毎日の礼拝、年に一度の断食、一生に一度の巡礼

六信が内面的な信仰であるのに対して、実際に行なわなければならない信仰行為が五行である。五行とは「信仰告白・礼拝・断食・喜捨・巡礼」のこと。このうち毎日行なわなければならないのは、信仰告白と礼拝だ。礼拝は日没後、夜、夜明け前、正午、午後の一日五回行ない、礼拝のたびに「アッラーのほかに神はなし、ムハンマドは神の使徒である」と唱える。これが信仰告白だ。

また年に一度、一カ月間行なうのが断食で、一生に一度行なえばよいとされているのが第十二番目の月に行なうメッカへの巡礼である。

「六信」

① アッラー（神）
ムスリムはアッラーのしもべとしてアッラーに絶対的な服従を誓う

② 天使
ガブリエルなどアッラーの使者

③ 啓典
コーランなど神の啓示の書

④ 預言者
アッラーの言葉を預かった偉大な信徒

⑤ 来世
終末後の世界こそ本当の世界であるとの考え

⑥ 予定
この世のすべてのことはアッラーの御心によるものという、イスラム教の基本的な信仰

聖地メッカ

「五行」

① 信仰の告白
「アッラーのほかに神はなく、ムハンマドは神の使徒なり」と唱える

② 礼拝
メッカの方向に向かって1日5回、毎週金曜日の昼には集団で礼拝を行なう

③ 喜捨
貧者への施し。生活困窮者や孤児などに富を分かち与える

④ 断食
イスラム暦の第9月「ラマダーンの月」に行ない、富める者も貧しい者も平等に苦しみを経験する

⑤ 巡礼
メッカのカーバ神殿で儀式を行なう。ムスリムの、一生に一度の義務

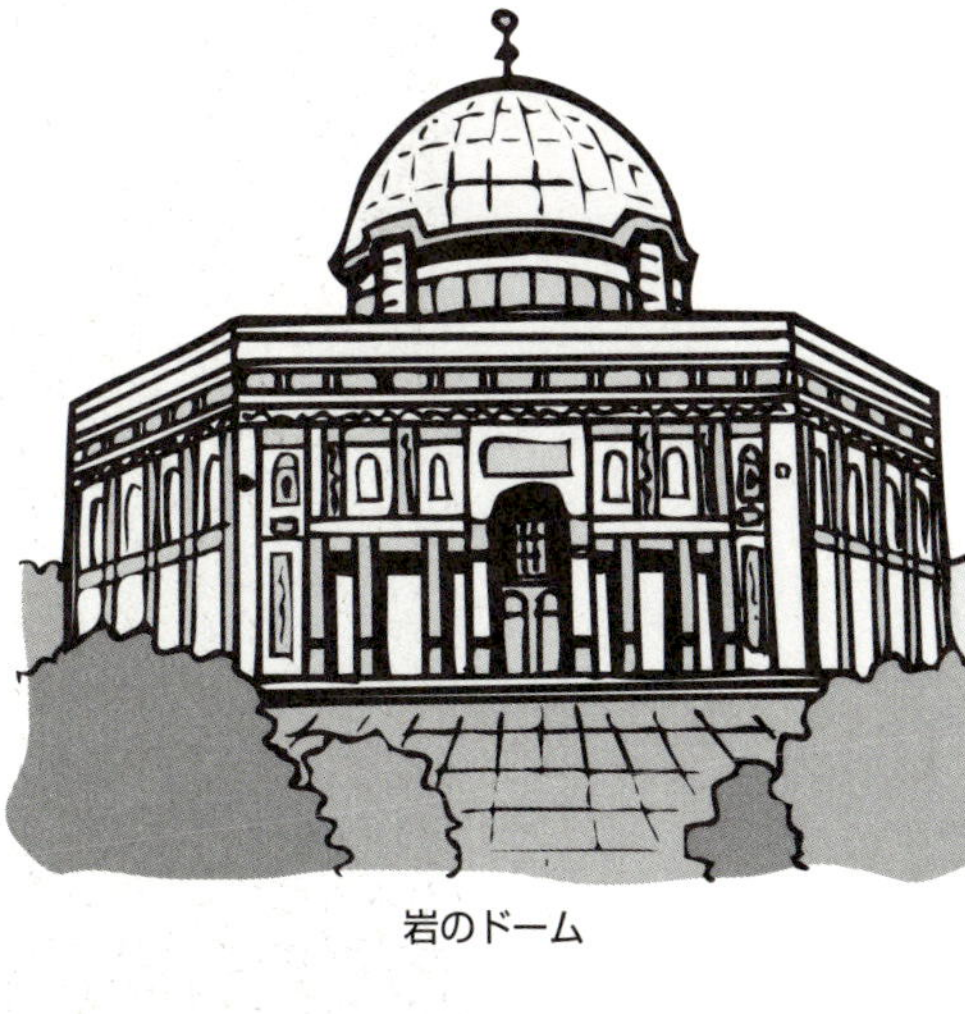

岩のドーム

イスラム原理主義
誤解されている〝原理主義〟の真の思想

◎イスラム原理主義＝テロ組織ではない

イスラム原理主義というと、テロや過激派を想像する人も少なくないだろう。しかし、本来のイスラム主義とはイスラムの原点に戻ろうとする思想のこと。その思想はなぜ生まれたのか。

もともとキリスト教の言葉だった原理主義

二〇〇一年九月十一日、アメリカで同時多発テロが発生した。その首謀者としてアメリカが名指ししたのが、オサマ・ビンラディンである。彼は、イスラム原理主義過激派の指導者と説明され、以来、イスラム原理主義イコールテロ組織・脅威的組織と結びつけられるようになってしまった。

そもそも、イスラムの世界にイスラム原理主義という言葉はない。原理主義とはファンダメンタリズムという英語を訳したもので、二十世紀初頭にキリスト教プロテスタントの特定の宗派を指して用いられた言葉である。つまり、キリスト教独自の表現だったのだ。

その特定の宗派は、聖書の無《む》謬《びゅう》性の主張、近代神学への反感などといったモダニズムに対抗する思想を持ち、キリスト教根本主義を唱えていた。

では、なぜイスラム原理主義という言葉ができたのか。

二十世紀になってから、イスラム諸国では独裁政治や社会主義政策の失敗によってインフレや失業問題を招き、貧富の差が激しくなっていった。

その原因を、欧米との付き合いや欧米の真似にあると考えた人々は、政治や社会習慣を見直して、イスラム教の原点に戻ろうという運動を起こす。その運動のことを、欧米の人々がイスラム原理主義と呼んだのである。

イラン・イスラム革命で過激な思想が誕生

イスラム原理主義とはあくまでも他称であって、ムスリムたちはイスラム主義と呼んだ。そのイスラム主義の思想は、本来あるべきイスラムの姿に戻そうという主旨であった。しかし、一九七九年に起こったイラン・イスラム革命を契機に、過激派と呼ばれるグループが誕生するようになる。

第二次世界大戦後、イランではパーレビ国王のもとアメリカから支援を受けて近代化政策が強硬に進められていた。法学者だったホメイニ師は、国王の権力拡大を危《き》惧《ぐ》して立ち上がるものの、追放されてトルコにのがれ、その後、フ

三大宗教用語の基礎知識

【聖書の無謬性】
聖書の文言を、書かれたとおりそのまま信じること。

【過激派】
ビンラディン率いるアルカーイダ、イラクのアンサール・スンナ軍、パキスタンに拠点を置くラシュカレ・トイバなどがある。

ランスに亡命する。

イラン国内では国王に対する反発がますます強まり、暴動も発生。そして、ホメイニ師が帰国すると国王は国外に退去しパーレビ王朝は崩壊、イスラム共和制が樹立されたのである。この革命はイスラム各国に影響を与え、イスラム教徒の自覚が強まるとともにイスラム色の強い政策を打ち出す国が増えていった。また、一部に過激な思想を生むこととなったのだ。

イスラム原理主義の組織とは

過激派とは、ひと言でいうなら武器を使ってまでもイスラム社会を守ろうとする人々のことで、イスラム原理主義＝過激派ではない。

いわゆる原理主義組織とされるのはシーア派のヒズボラ、スンニ派のムスリム同胞団、イスラム集団やジハード団、ハマス、武装イスラムグループなどである。こうした原理的主義思想を持つ一部に、過激派と呼ばれるグループが存在するのだ。

イスラム革命と原理主義

革命以前

親米的政策の国王パーレビのもと、西洋的な近代化が進むと見られていた

1979年　イスラム革命

革命の指導者ホメイニ師によりイスラム革命達成。西洋的な近代化を止め、イランをイスラム国家とする政策を打ち出した

↓

原理主義的な傾向が強まっていく

イスラム原理主義の発生の流れ

第二次世界大戦終結 → 中東諸国が西欧の植民支配から独立（豊かな欧米の暮らしに近づきたい！）

↓ 経済発展を試みた結果

貧富の差が拡大

↓

「すべての人々が神の前で平等」というイスラムの教えに反する

↓

「イスラムの理想に返れ！」……→ **イスラム原理主義**

この動きの一部

シーア派とスンニ派
イスラムの正統性をめぐる争い

◎預言者の後継者問題で分裂したイスラムの二大宗派

イスラム問題においてつねに語られるシーア派とスンニ派の対立。そもそもどのような経緯で分派し、その主張は何が異なるのか。発端は預言者ムハンマドの後継者問題にあった。

スンニ派九割 シーア派一割

イスラム教は比較的統一性のある宗教だといわれるが、それでも宗派はいくつか存在する。なかでも代表的なのがシーア派とスンニ派という二つの大きな宗派である。

政教一致、かつ一神教というイスラムの性格上、宗派の分かれ目は教義の解釈や信仰の違いといった法学的なものというより政治的な要因が強い。

両派の違いも、もともとはムハンマド亡きあとの指導者、つまり後継者カリフの正統性を問うてのものであった。

宗派誕生の流れとしては、スンニ派は多数派となったイスラム教を指しており、そこからシーア派やその他の宗派が派生したという構図である。

といってスンニ派が正統派でシーア派やその他が異端派だとは必ずしも言い切れない。

ただ、現在の信者の割合はスンニ派が九割と圧倒的である。

分派の原因となった後継者の正統性

両派が分離した経緯は、ムハンマド死後の時代にさかのぼる。

史実によればムハンマドの代理者（カリフ）となったのはアブー・バクルである。

アブー・バクルの死後、ウマル、ウスマンとカリフが継承された。

ところがウスマンが暗殺され、その後継者をめぐってムハンマドの従兄弟《いとこ》のアリーを支持する人々とムアウィアを支持する人々との間で戦いが生じた。

戦いの最中、アリーが暗殺されムアウィア派の人物がカリフとなった。そこでアリー派だった信者は大勢から分離した。それがシーア派である。

シーア派はムハンマドの死後に誕生した四人のカリフのうち、アリー以前の三人を認めない。

のちにシーア派はイマーム派やイスマーイール派といった小分派に分かれていくが、その分裂理由もやはり後継者（シーア派ではイマームと呼ぶ）問題が大半である。

三大宗教用語の
基礎知識

【アリー】
アリーはムハンマドの従兄弟であり、娘婿でもあった。彼を支持する者は当初はシーア・アリー（アリー派）と呼ばれ、そのうちシーアと呼ばれるようになる。シーア派内ではカリフのことはイマームという。

【イジュマー】
スンニ派ではコーラン、スンナ（慣行）、イジュマー（合意）、類推（キヤース）を四つの基本法源としている。

多数派が重んじてきた合意と予定説

シーアとはアラビア語で「党、派」といった意味を持つ。他方、スンニの語源は行為や言葉を表す「スンナ」にある。

それが示すように、スンニ派は信仰や『コーラン』の解釈に、預言者のスンナをもっとも重視している。だが、一方で極端な教義の解釈は避け、政治問題においてもつねに合意（イジュマー）を尊重し、穏健派の姿勢をとってきた。

シーア派をはじめ他派からは、それが「堕落」と指摘されることもしばしばである。また神学的な側面では、スンニ派は因果応報《いんがおうほう》説よりも、すべては神によって決められている「予定説」（カダル）を優先しているという事実もある。

どちらがより正しいかどうかは誰にもわからない。ただ残念ながら、この両派の対立がイスラムへの理解を困難にする要因のひとつであることは否めない。

シーア派とスンニ派の比率

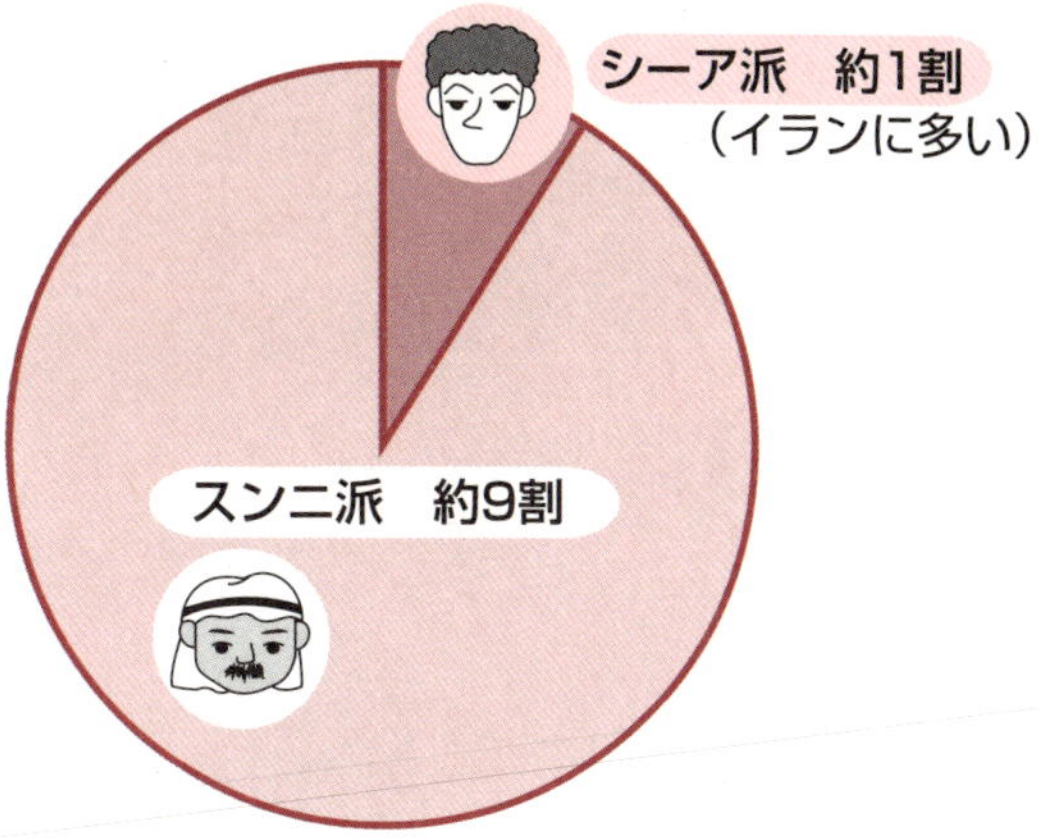

両派の対立の原因

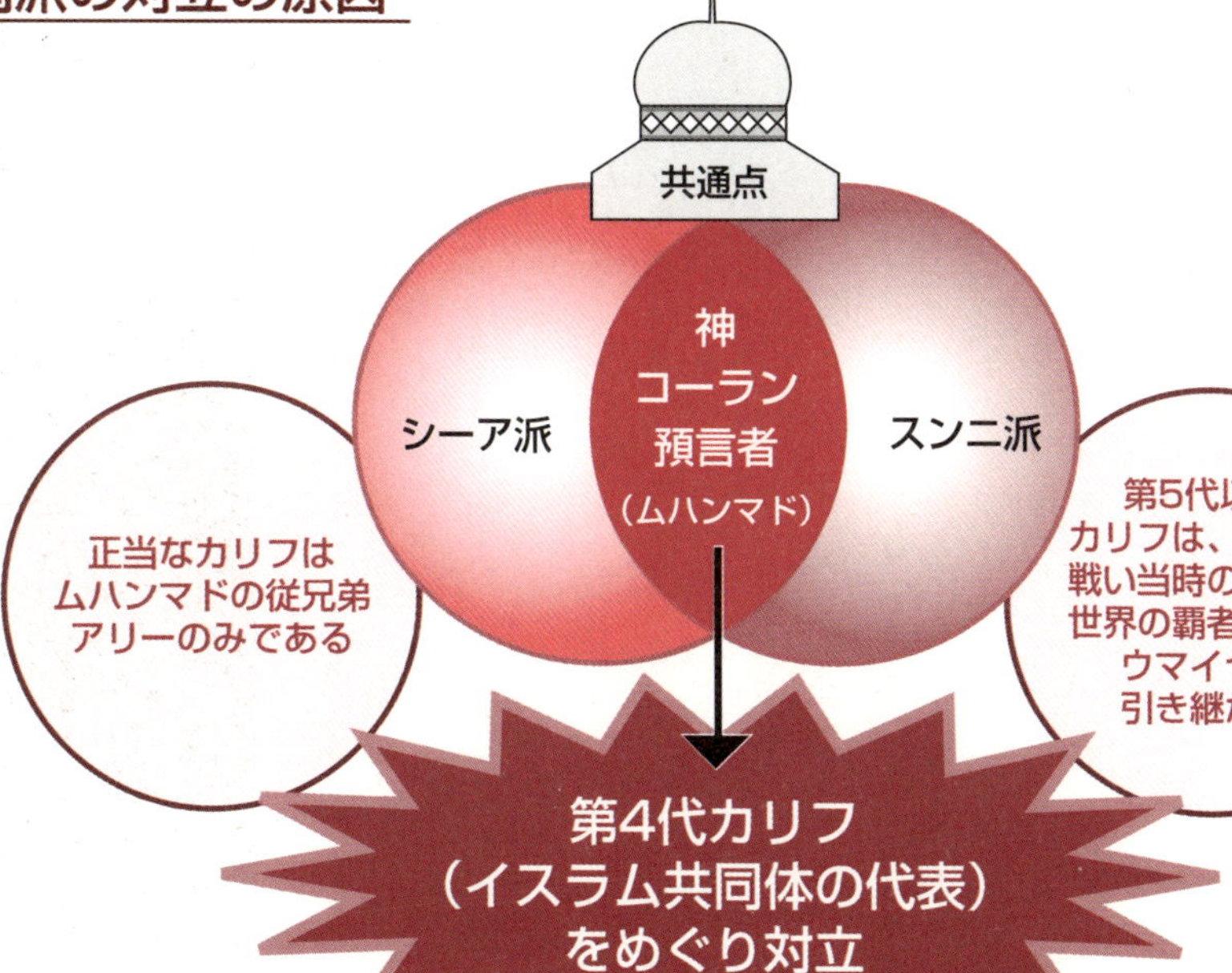
第5代以降のカリフは、アリーと戦い当時のイスラム世界の覇者となったウマイヤ朝に引き継がれた

イラン・イラク戦争
イスラム社会の統一をめぐる思惑

◎宗派の違いと領土問題が生んだイスラム同士の戦い

一九八〇年から八年間続いた戦争はシーア派とスンニ派という二宗派の争いでもあった。革命によって表面化した両国の対立の背景には、長年の国境問題と原理主義の台頭も絡んでいる。

領土問題に起因する両イスラム国の対立

イスラム原理主義の台頭などにより、イスラム社会は近代になっていっそう混迷の時代を迎えた。

なかでもイランとイラクという両イスラム教国の因縁は深く、一九八〇年には世界的にも大きな注目を浴びたイラン・イラク戦争に発展した。

それまでの背景を見てみると、まず両国間には石油利権をめぐって、かねてから領土問題があった。

さらに、同じイスラム教国でもイランはシーア派が多数を占めており、一方のイラクはシーア派も多くいるなか、実権を握っていたのはスンニ派だった。

そんな最中、戦いのきっかけとなる事件が起こる。それがイラン・イスラム革命である。

革命を成功させたホメイニ師

当時イランを統治していたのは親米派のパーレビ王朝で、彼らは欧米型の国家戦略に倣《なら》った近代化路線を打ち出していた。

これにイスラム原理主義を支持するムスリムたちは猛反発し、その先頭に立っていたのがホメイニ師である。

一九六〇年代から打倒パーレビを掲げていたホメイニ師は王政反対運動を展開し、何度か国外追放にあいながらも、カリスマ性を発揮し、多くのムスリムを味方につけ革命を成功させた。

一九七九年、パーレビ王朝が崩壊すると、故郷に戻ったホメイニ師はイランの最高指導者となる。

それと同時に、イランを中心とするイスラム社会には原理主義者の動きが活発化し、その一部が過激な運動を見せるようになってきた。

イランの隣国イラクでは、そうした展開を注視していた一人の人物がいた。それがサダム・フセインである。

フセインの思惑と聖戦の教え

一九八〇年九月、イラクの戦闘機が突如イランを爆撃したことで、戦争の幕は切って落とされた。

フセインが恐れたのは、革命の

三大宗教用語の基礎知識

【領土問題】
両国の国境にはシャット・アル・アラブ川が流れており、イランは一九七五年のアルジェ協定により、川の中央を国境と主張し、イラクは川の東側を主張した。

【サダム・フセイン】
自らを、かつてバビロニアに君臨したネブカドネザル王になぞらえ、スンニ派によるアラブ民族の統一を目指していた。

原動力となったシーア派によるイスラム社会の統一である。さらに領土問題という長年の火種も、戦争を正当化できるひとつの要因だった。

これらを理由に、フセインは先手を打ってイラクを攻撃したのであるが、この戦いは予想以上に長引いた。それには、一方のイランがこれを「聖戦」と認識し、停戦を拒否しつづけたこととも関係がある。

そもそもこの聖戦という考え方は、『コーラン』にあるもので、ムハンマドのメッカ征服の故事からイスラムに根ざしている。

『コーラン』では「神のためなら自己を犠牲にして努力せねばならぬ」という部分で、これを「信じるもののためなら戦いも辞さぬ」と解釈してのことである。

結局、戦争は八年の歳月を経て終結したが、根本的な解決がなされたわけではない。アメリカによるイラク攻撃の後、あらたな争いの局面が展開している。

イラン・イラク戦争の開戦から停戦まで

1979	イランでイスラム革命が起こる
1980	イラク軍によるイラン侵攻により、全面戦争に突入
1981	イラン軍総反撃
1982	イランの逆侵攻でイラクが大打撃を受ける
1983	ペルシャ湾へ戦火が拡大
1984	イラン軍、油田の上に浮かぶマジヌーン島を奪取。タンカー戦争へと発展する
1985〜1986	戦局はこう着状態に
1987	米軍が介入
1988	国連安保理決議により7年11カ月ぶりに停戦

シーア派 vs スンニ派

イラン・イラク戦争とシーア派ＶＳスンニ派

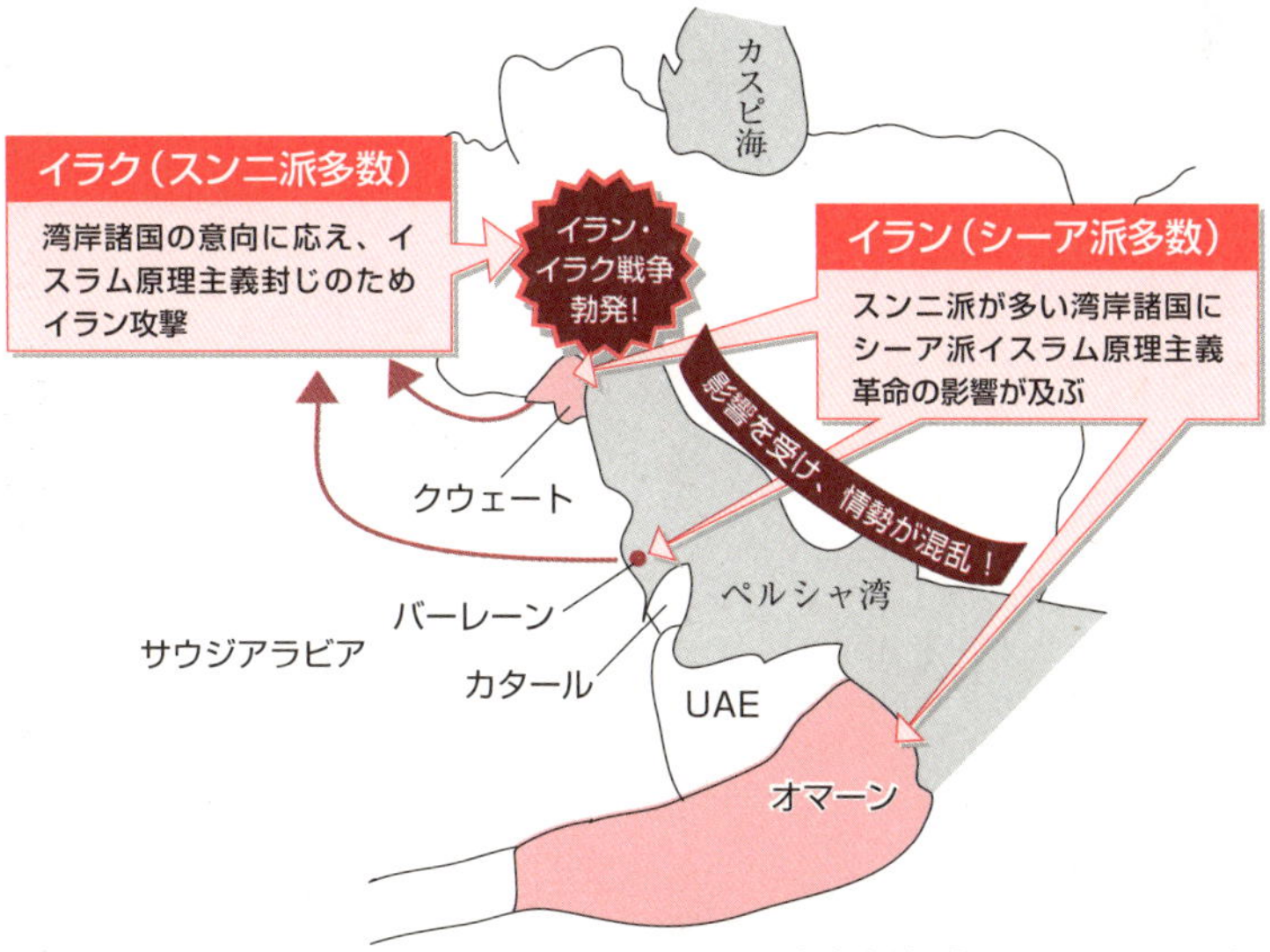

カスピ海
イラク（スンニ派多数）
湾岸諸国の意向に応え、イスラム原理主義封じのためイラン攻撃
イラン・イラク戦争勃発！
イラン（シーア派多数）
スンニ派が多い湾岸諸国にシーア派イスラム原理主義革命の影響が及ぶ
影響を受け、情勢が混乱！
クウェート
バーレーン
サウジアラビア
カタール
ペルシャ湾
UAE
オマーン

参考資料：『イラン・イラク戦争』パレスチナ選書

監修者

井上 順孝

（いのうえ　のぶたか）

1948年鹿児島県生まれ。東京大学文学部卒業、東京大学大学院人文科学研究科博士課程中退。東京大学文学部助手、国学院大学日本文化研究所教授を経て、現在、国学院大学神道文化学部教授、博士（宗教学）。（財）国際宗教研究所・宗教情報リサーチセンター長として、現代宗教のさまざまなデータの収集と分析を行なっている。
主な著書に、『神道入門』（平凡社新書）、『宗教社会学のすすめ』（丸善ライブラリー）、『図解雑学 宗教』（ナツメ社）、『新宗教の解読』（ちくま学芸文庫）、『現代宗教事典』（編著・弘文堂）などがある。

オール図解　この一冊ですべてがわかる

世界の三大宗教

平成18年6月30日　初版第1刷発行

監修者	井上順孝
発行者	西沢宗治
印刷所	誠宏印刷株式会社
製本所	小泉製本株式会社
発行所	株式会社日本文芸社
	〒101-8407　東京都千代田区神田神保町 1-7
	TEL：03-3294-8920（編集）
	TEL：03-3294-8931（営業）

振替口座　00180-1-73081

ISBN4-537-25381-9
112060630-112060630Ⓝ01
編集担当・村松
URL　http://www.nihonbungeisha.co.jp/

参考文献

『キリスト教の二〇〇〇年（上）』（ポール・ジョンソン／別宮貞徳訳／共同通信社）／『図説 イエス・キリスト 聖地の風を聞く』（河谷龍彦／河出書房新社）／『現代宗教事典』（井上順孝編／弘文堂）／『図解雑学 聖書』（関田寛雄監修／ナツメ社）／『世界の宗教と経典・総解説』（自由国民社）／『新版 世界史用語集』（全国歴史教育研究協議会編／山川出版社）／『詳説 世界史（再訂版）』（村川堅太郎、江上波夫、林健太郎／山川出版社）／『キリスト教の誕生』（ピエール＝マリー・ボード／佐伯晴郎監修／田辺希久子訳／創元社）／『図解雑学 宗教』（井上順孝／ナツメ社）／『神の世界史 キリスト教』（小滝透／河出書房新社）／『カトリックとプロテスタント　どのように違うか』（ホセ・ヨンパルト／中央出版社）／『十字軍―ヨーロッパとイスラム・対立の原点』（ジョルジュ・タート／池上俊一監修／南條郁子・松田廸子訳／創元社）／『宗教改革　ルター、カルヴァンとプロテスタントたち』（オリヴィエ・クリスタン／佐伯晴郎監修／木村恵一訳／創元社）／『魔女狩り』（ジャン＝ミシェル・サルマン／池上俊一監修／富樫瓔子訳／創元社）／『キリスト教の本質と展開―キリスト教概説Ⅱ―』（百瀬文晃／教友社）／『国際理解を深める世界の宗教② キリスト教・ユダヤ教』（土井かおる監修／ポプラ社）／『国際理解を深める世界の宗教⑤ 世界のさまざまな宗教』（井上順孝監修／ポプラ社）／『キリスト教―その本質とあらわれ』（エルンスト・ベンツ／南原和子訳／平凡社）／『ＮＨＫスペシャル文明の道④ イスラムと十字軍』（ＮＨＫ「文明の道」プロジェクト・清水和裕、高山博、山内進、深見奈緒子、新井勇治、鶴田佳子、包慕萍、鈴木英明／日本放送出版協会）／『世界の宗教１０１物語』（井上順孝編／新書館）／『ユダヤ・キリスト・イスラム集中講座』（井沢元彦／徳間書店）／『原始キリスト教』（マルセル・シモン／久米博訳／白水社）／『図説コーランの世界　写本の歴史と美のすべて』（大川玲子／河出書房新社）／『宗教史地図　イスラーム教』（小滝透／朱鷺書房）／『イスラム教入門』（中村廣治郎／岩波書店）／『大人の参考書「中東問題」がわかる！』（大人の参考書編纂委員会編／青春出版社）／『仏教』（ブラッドリー・Ｋ・ホーキンズ／龍川郁久訳／春秋社）／『面白いほどよくわかる仏教のすべて』（金岡秀友監修／日本文芸社）／『宗教の歴史地図　現代世界を読み解く新たな視点』（井上順孝監修／青春出版社）／『図解世界５大宗教入門』（ひろさちや監修／主婦と生活社）／『世界の宗教と信仰　八つの型と共存への道』（加藤智見／大法輪閣）／『宗教を知る人間を知る』（河合隼雄、加賀乙彦、山折哲雄、合庭惇／講談社）／『３日でわかる宗教』（山折哲雄監修／ダイヤモンド社編／ダイヤモンド社）／『岩波イスラーム辞典』（大塚和夫、小杉泰、小松久男、東長靖、羽田正、山内昌之編／岩波書店）／『図説聖地イェルサレム』（高橋正男・文／石黒健治・写真／河出書房新社）／『図説イェルサレムの歴史』（ダン・バハト／高橋正男訳／東京書籍）／『ヒンドゥー教　インドという謎』（山下博司／講談社）／『常識として知っておきたい世界の三大宗教』（歴史の謎を探る会編／河出書房新社）／『世界地図から歴史を読む方法』（武光誠／河出書房新社）／『たった５分の現代史「原因」と「結果」がひと目でわかる！』（歴史ジャーナリズムの会編／青春出版社）／『知って役立つキリスト教大研究』（八木谷涼子／新潮社）／『アメリカの宗教』（Ｓ・Ｅ・ミード／野村文子訳／日本基督教団出版局）／『キリスト教がわかる。』（朝日新聞社）／『黒人霊歌とブルース』（ジェイムズ・Ｈ・コーン／梶原寿訳／新教出版社）／『今がわかる時代がわかる世界地図2003年版』（正井泰夫監修、成美堂出版編集部／成美堂出版）／『21世紀世界の民族紛争　新聞・ＴＶのニュースが面白いほどよくわかる。』（福岡政行監修／主婦と生活社）／『新詳日本史』（浜島書店編集部編著／浜島書店）／『グローバルワイド最新世界史図表』（第一学習社編集部編著／第一学習社）／『ビジュアルワイド図説世界史』（東京書籍編集部編著／東京書籍）／『詳説世界史改訂版』（江上波夫、山本達郎、林健太郎、成瀬治／山川出版社）／『らくらく入門塾　宗教を身近に感じる講座』（国際宗教研究会監修／ナツメ社）／『図説地理資料世界の諸地域NOW』（帝国書院編集部編／帝国書院）／『図説この「戦い」が世界史を変えた』（水村光男監修／青春出版社）／『聖書　新共同訳』（日本聖書協会）／『仏教入門　インドから日本まで』（瓜生中／創元社）／『イスラーム教を知る事典』（渥美堅持／東京堂出版）／『この一冊で「宗教」がわかる!』（大島宏之／三笠書房）／『仏教の事典』（瀬戸内寂聴編／三省堂）／『イスラーム世界事典』（片倉もとこ代表編集／明石書店）／『大人も子どももわかるイスラム世界の「大疑問」』（池上彰／講談社）／『キリスト教を知る事典』（高尾利数／東京堂出版）／『宗教世界地図』（立山良司／新潮社）／『イラン・イラク戦争』（鳥井順／第三書館）

《ホームページ》
ダライ・ラマ法王日本代表部事務所、外務省